英語とMLBに
100倍強くなる
大谷英語

太刀川正樹

JN075284

飛鳥新社

はじめに

大谷翔平選手（29）が2023年11月16日（米国時間）、米ア・リーグの23年度MVP（the Most Valuable Player）に選出された。21年度に続き、2度目の満票での受賞はMLB史上初めての快挙である。

大谷は過去3年間、MLBの話題を独占してきた。その理由は大谷の二刀流選手（two way player）としての成績や彼の人柄もあるが、世界の人々の胸を打ったのは常に笑顔を絶やさないアスリートの姿ではなかったか。

筆者が本稿を書くキッカケとなったのは米テレビで流れる実況中継で、アナウンサーが興奮気味に早口の英語で大谷の活躍を伝える場面をみているうちに、思わず大谷翔平の世界へのめり込んだという個人的な経験があるからだ。

「going! going! Gone!」（伸びる！　伸びる！　入った！）と絶叫するアナウンサー。大谷翔平の一挙手一投足を伝える米報道やフレーズを調べているうちに、彼の人間性を凝縮した大谷英語フレーズ集ができあがった。

小学生の頃、東京・中野駅北口の商店街裏の路地で友達とキャッチボールをしたり、電信柱をベースに見立てて遊んでいた野球少年の魂が蘇ってくる思いがした。

筆者は1980年代半ばから2009年まで、通算15年間、ニューヨークを拠点に取材活動を続けてきた。2度目の2001年9月11日にはニューヨークでの同時多発テロ事件を目撃後、約5年間、ヤンキースとメッツの年間取材証（SEASON PASS）を受け取り、新庄剛志選手や松井秀喜選手を取材する機会に恵まれた。07年4月にはボストンのフェンウェイ・パークでレッドソックス松坂大輔投手の地元デビュー戦も目の当たりにした。

当時は記者席にいても地元アナウンサーや記者が日本語を口にすることはなかった。一方で大谷の場合はどうか。地元アナウンサーが本塁打を打つたびに「ムネキュンです」とおかしな日本語を叫ぶ風景が日常的となった。

米国のファンは大谷翔平をG.O.A.T.（史上最高の男）と絶賛する一方で、down to earth person（ざっくばらんな男）と親しそうに表現する。彼ほど米国民に愛されている日本人選手はいない。外務省の外交官よりも100倍も上回る優秀な外交官と言える。

筆者にとって印象的なのは大谷の野球に対する愛情である。忘れられない場面が23年3月のWBC準々決勝のイタリア戦。3回裏1死1塁で打席に立った大谷は初球でセーフティバントを決めて勝利への流れを呼んだ。試合後、栗山監督が「野球少年・大谷翔平」を語った。

「この試合を絶対に勝ちに行くんだ、と野球少年（baseball kid）になり切った時に彼の素晴らしさが出る」

WBC決勝戦前にチームメイトに対して、「（米チームに対して）憧れるのをやめましょう！」(throw away admiration!) とゲキを飛ばした時も熱かった。

本書は大谷翔平というアスリートが米国民やマスコミ、MLB関係者、選手からどのように支持・評価されてきたのか、2ページに1つの英語フレーズを紹介し、簡単に解説したものである。内容は野球に関心のない読者でも十分に楽しんでもらうために難解なフレーズも極力避けた。大谷の笑顔が大好きという読者にも、彼の魅力を読み解く「大谷参考書」としてお勧めしたい。両親が子供たちと一緒に読みながら、心のキャッチボールを楽しんで頂ければ幸いである。

（本書に登場したフレーズは2022年9月から2023年10月まで約14カ月間、日刊ゲンダイ紙上で紹介したものを中心に、大幅に加筆訂正した）

2023年11月22日

「**High five**」

ハイタッチ

MLB 史上初めての快挙

大谷翔平（29歳）が11月16日（米国時間、以下同）、2023年度ア・リーグMVPに満場一致（unanimous）で選出された。MVPは21年に続いて2度目だが、満場一致で複数回選ばれたのはMLB史上初めての快挙。

大谷は23年シーズンには44本塁打、打率.304、95打点、20盗塁。投手としても10勝5敗、防御率3.14、167奪三振、132イニングを投げた。

MVP発表で話題になったのは大谷の横にちょこんと座っていた愛犬（puppy）の存在だ。MLB公式ホームページでも「本当のMVPはあの犬だった」などのコメントもある。メディア報道を総合すると、愛犬はコーイケルホンディエという種類で、オランダ原産の中型狩猟犬。1歳未満のオスで代理人バレロ氏の愛犬説もある。

大リーグのレジェンド、レジー・ジャクソン氏が大谷翔平の名前を発表すると、大谷が左手で愛犬の左前足と見事なハイタッチ（英語ではhigh five）。その瞬間、愛犬が大谷の顔をウットリした目で見つめていたのが印象的だ。大谷を信じ切っているような表情だ。大谷の愛犬家ぶりは以前から知られており、日本ハム時代から実家ではゴールデンレトリバーを飼っていた。17年、渡米前に愛犬が亡くなった時には「犬に感謝しています」とコメントを残しているほど。大谷にとって人生の節目節目に愛犬の存在があったと言われている。

米MLBのX（旧ツイッター）には「Ohtani's popularity has extended to dogs.」（大谷人気は犬の世界まで広がっている）との声も出た。

（23年11月18日）

SHOHEI OHTANI

2023 Angels

「First pitch, full swing(That's it)」

初球をフルスイングする。それだけだよ

約束を守った大谷

大谷は22年7月19日、ドジャースタジアムで行われたオールスターゲームで、打席に向かう直前、FOX NEWSのインタビューに「First pitch, full swing,That's it.」（初球をフルスイングする。ただそれだけだよ）と答えている。

そして約束通り（true to his words）、ロサンゼルス・ドジャースのエース、クレイトン・カーショー投手の時速91マイル（約146キロ）の初球（ストレート）をセンター前に叩き返し、現地メディアは「オオタニは約束を守った」と称えている。大谷は後で記者のインタビューに「ボールの球種が何であろうと、どこに飛んで来ようが、必ず初球を打つことを決めていた」（I was definitely swinging, 100 percent）と言っている。

カーショー投手とは過去、対戦成績は8打数0安打だった。オールスターの歴史のなかで、初球をヒットにしたのは3人目。1人は1986年のカービー・パケット（ミネソタ・ツインズ）。2人目は2013年のマイク・トラウト（エンゼルス）だ。

打たれたカーショー投手は「オールスターゲームの初球にbreaking pitch（カーブやシンカー）を投げるのはふさわしくないと思った」と記者に笑いながら答えている。

ただし、大谷はその直後、1塁ベース上で、カーショー投手の牽制球に刺された。大谷は試合直後に「牽制で刺されるとは全く考えもしなかった。よくも悪くも自分の名前が新聞にデカデカと載るだろうね」（I was not expecting that,I guess my name is going to be in the papers, whether it's good or bad.）。

（22年9月3日）

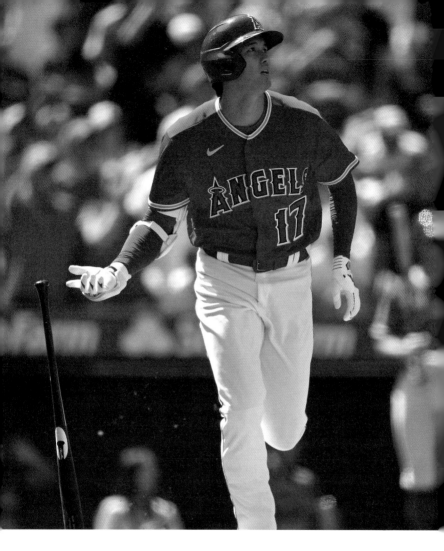

LESSON **3**

「**Get out of here!**」

ウソだろ？ 信じられない！

ショウヘイ・オオタニは
どこまで進化するのだろうか？

22年8月31日の対ニューヨーク・ヤンキース戦で、エースのゲリット・コール投手から今季30号となる逆転3ランを放った。打球はMVP争いのライバル、アーロン・ジャッジ外野手の頭上を越えてバックスクリーンへ。その瞬間に地元アナウンサーが叫んだ言葉だ。

「Get out of here!」

普通なら「ここから出て行け！」という意味になるが、「本当かよ！」「マジかよ！」「信じられない！」といったスラングで用いられることもあり、あり得ないことが起きた時に口走ることが多い。大谷の試合中継でよく使われるフレーズのひとつだ。

アナウンサーはさらに「オハヨウ・ゴザイマス！　ヤンキース！」と日本語で叫んだ。「ヤンキースよ、目が覚めたか！」とでも言いたかったのだろう。他のチャンネルでも「スゴイ、ショウヘイ」「キュンです」と誰が教えたのか、日本語で絶叫している。

筆者は2000年代初頭、ニューヨークで特派員生活を送り、約5年間ヤンキースとメッツの年間記者証を首にぶら下げて、松井秀喜や新庄 剛志を取材する機会を得たが、当時は地元アナウンサーやリポーターが日本語を口にするのを聞いたことはなかった。大谷の二刀流 (two way player) の活躍でスポーツ記者が競って日本語を使うようになった。

野茂英雄が1995年にデビューした時、「NOMO MANIA」という言葉が生まれ、「SANSHIN」（三振）という日本語が米紙の見出しにも躍った。米大リーグで登場した初めての日本語だった。

（22年9月14日）

LESSON 4

「Baseballing monk」

野球をする修道僧

肉体的優秀さだけじゃない

「NIKKEI ASIA」(英語版) が大谷を指して表現した言葉だ。purist warrior monk (妥協を許さない潔癖な修道僧) という言葉を使うメディアもあった。

「NIKKEI ASIA」では「大谷は科学と芸術が共存している」「大谷は肉体的優秀さだけでなく、深く考える力を持つ男 (thinking man)」とも書いている。作家村上春樹氏に大谷翔平のノンフィクションを書かせろ、といった大谷ファンの声も紹介している。

21年、マドン監督は「ショウヘイを見ていると、2632試合の連続出場を記録したカル・リプケンJr. (元ボルティモア・オリオールズ) の記録がいかに素晴らしいものだったかを理解することができる。リプケンJr.のように、ショウヘイにとっては全ては競争 (competition) であり、ゲーム (game・楽しみ) だ。ショウヘイがイライラしたり、気を動転させたのを見たことがない」とインタビューで答えている。monkとは世俗を離れて修道院などで生活する男性のことだ。

多くの選手がダッグアウト裏の通路を通ったあと、バットで近くにあるゴミ箱をたたいたりする。ショウヘイはそのような行動をする選手には見えないが、本当のところはどうか。打撃コーチ (当時) のジェレミー・リードは地元記者の質問に対して、「ショウヘイはそれが得意だよ」(he is good at it ,too) と答えている。

(22年9月15日)

「**What a nasty pitch!**」

なんてエグイ球なんだ！

大谷が見せた class な態度

22年9月5日、地元アナハイムで行われた対デトロイト・タイガース戦。大谷はコディ・クレメンスが投げた110キロのスローボールにタイミングが合わず、見逃し三振。コディはサイ・ヤング賞を7度受賞したロジャー・クレメンスの次男。

タイガースでは内野手兼外野手として複数の守備をこなすユーティリティ選手だが、0－10とワンサイドゲームになったこの日、9点差の8回1死1塁から、MOP－UP（敗戦処理）としてマウンドにあがった。大差の試合で野手が登板するのはよくあることだ。コディはこれが今季6度目の登板。キャリア初の三振を大谷から奪い、その記念球をロッカーに保管していた。翌日、用具係を通じて大谷にサインをねだると、返ってきたボールにはWhat a nasty pitch!のメッセージが添えられていた。

nastyとは「胸くそが悪い」「えげつない」「卑劣」「意地悪な」という意味だ。例えばnasty guyは「いやな野郎だ！」を意味するし、nasty weatherは「いやな天気」を指す。いずれにしろ、人々が喜んで話す言葉ではない。

しかし、サインボールを受け取ったコディはnastyと書かれたにもかかわらず大喜び。タイガースのA.J.ヒンチ監督も「コディもハッピーだろう。オオタニが見せたclassな（種類、一流、品格、センスのよい）態度には感動した。いずれにしろ、コディにとっては一生に残る思い出だ」と大谷を称えている。

110キロのスローボールをエグイ球と書いた大谷のウィットに富んだメッセージを含め、コディにとっては忘れられない1球になっただろう。　　　　　　　　　　　　　　　　　　　（22年9月16日）

「Let's Shohei be Shohei」

翔平は翔平らしく

常識を超えたプラン

大谷が米国に渡ってきたのは大リーグで最初の二刀流選手になるためだった。最初の3年間は肘の故障でトミー・ジョン手術を受けたり、膝にメスを入れたりと活躍は限られていた。試合出場のスケジュールも管理され、打者としても投手としても中途半端なシーズンを送った。つまりパートタイムの打者であり、パートタイムの投手だったのだ。

2020年に就任したジョー・マドン監督とその11月に新GMとなったペリー・ミナシアンは21年のシーズンを前にして、野心的な計画を立てた。大谷にはできるだけ多く投げる機会を与える、そして毎日打席に立たせるというプランだ。もちろん、投手として登板する日も打席に立たせる。リアル二刀流を導入した。

常識を超えたプランとも言えるが、マドン監督とミナシアンGMは何を差し置いても大谷に、「Let's let him be an athlete」（彼の好きなようにさせる）と、決めた。

そして、冒頭のように言っているのだ。

「Let's Shohei be Shohei」

22年6月にチーム不振の責任を問われてエンゼルスを追われたマドン監督は、大谷が何かを言わない限り、打席に立たせた。コミュニケーションを欠かさず、毎日、大谷の通訳兼友人の水原一平氏を呼び、登板の翌日も打席に立てるかを聞いていた。マドン監督は「オオタニがイエスと言えばイエスだ。ノーと言えばノーだ」と語っていた。

（22年9月20日）

「Bad idea on my part」

我々にとってはまずいアイデアだった

大谷ルールの発案者

MLBは21年のオールスターゲーム前、「先発した投手が降板後も
DHとして打席に残ることができる」という、いわゆる大谷ルー
ルを採用した。発案者はタンパベイ・レイズのケビン・キャッシ
ュ監督。球宴で大谷を「1番・DH兼投手」で起用し、ルール導入
の道筋をつけた。

そのキャッシュ監督が22年5月9日のエンゼルス戦前、報道陣に
言ったのが、「Bad idea on my part」。冗談半分、自戒するよう
な口調で報道陣の笑いを誘った。

"on my part"は「我が陣営」「我が方」を意味する。相手側を意味
する時には、"the other part"、あるいは、"opponent"を使う。

"part"とは「部品」「(全体の)一部」「(重要な)部分」を意味するほ
か、「陣営(チーム)」や「味方」を指す。使い方は様々だ。例えば、
"take part in"は「関与する」「参加する」を意味するし、"baseball
is a part of his life"は「野球は彼の人生にとって不可欠な要素
だ」となる。"part payment"は「分割払い」、"part time job"は
一部の時間で働く「アルバイト」の意味だ。

"idea"の使い方も様々。"That's (good) idea"と言うと、"good"の文字
がなくても、「いいアイデアだね」。会社の同僚から、"Shall we have
drink this evening"（帰りに一杯やろう）と誘われた場合、"That's not
bad idea"と言えば、「悪くないね」と婉曲的に賛成を意味する。断る
場合には、"Thank you, but I have other commitment"と大袈裟に
言って逃げることができる。"commitment"は、「責任ある約束」。

（22年9月28日）

（イチローと談笑する大谷）

LESSON 8

「What's up?」

調子はどうだい？

イチローがファンの心を摑んだ言葉

イチローが気に入っているフレーズで、球場で大谷と会うたびにこのフレーズで挨拶しているという。正確にはWhat is up?だが、ほとんど省略形が使われる。友人など気を使わない間柄同士がお互いに声をかける場合が多い。

相手からの返答を期待しない時でも使われる。What's wrong?と言えば、どうかしたの？　とか何か悪いことがあるの？　と相手を心配する時に使うフレーズでもある。

イチローが使った最近の例では2022年8月27日、シアトル・マリナーズのイチローが野球殿堂入りを記念する式典でのこと。What's up? Seattle！（シアトルの皆！　元気かい？）。

このフレーズでイチローはセーフコ・フィールド（現T-モバイルパーク）にいるファンの心を摑んでしまった。実はイチローがこのフレーズを最初に使おうとしたのは2009年夏のことだった。米ミズーリ州セントルイスで開かれたオールスターゲームで始球式を務めるオバマ大統領（当時）が試合前、クラブハウスを訪れてイチローと挨拶。イチローは当初、What's up?（調子はどうだい？）と軽いノリでオバマ大統領に声をかけるつもりだったが、あまりのオーラの強さに押されて、「Nice to meet you,sir」というのが精一杯だったと告白している。

その代わりにというか、大統領へのサインのおねだりは禁止されていたが、イチローはひそかに準備していたボールをわざと床に落とし、オバマ大統領に拾わせてボールにサインをしてもらったというエピソードもある。今、イチローが大谷に、What's up?と声をかけたら、大谷は何と答えるだろうか。　（2022年10月5日）

「He has best command and control」
大谷は最高の指揮管理統制能力を持つ男

指揮官の資質もアリ？

22年9月29日の対オークランド・アスレチックス戦で8回2死まで
ノーヒットノーランの快投を続けていた大谷だが、アスレチック
スのコナー・カペルの打球が遊撃手リバン・ソトのグラブからこ
ぼれ左前打となり、ノーヒッターの記録が潰えた。

気落ちした (bummed) 表情のソトと捕手マックス・スタッシに向か
って、大谷はグラブを外した両手で顔を挟み、（他のことを見ないで）
目の前のことに集中しようというジェスチャーを2人にして見せた。

ガッカリしたチームメイトを励まそうとした冷静な態度を見て大谷
を評価したのがアストロズのダスティ・ベイカー監督（当時）である。

「He has best command and control.」

司令官としての資格を持っているとでも言いたそうな表現だった。

さらにHe is some athlete（彼はすごい選手だ）ともエンゼルス
担当記者 (beat reporter) に呟いている。someはいくつかの、と
いう意味のほか、かなりの、何かを持っている、の意味がある。

"command and control"とはコンピュータ用語でもあり、軍事
用語でもある。「指揮統制」をつかさどる能力を持っていることを
意味する。"command"は「命令する」「自制する」「集める」で、"in
command of"といえば、「〜の指揮権を持つ」を意味する。
"commander-in-chief"といえば最高司令官。

実はベイカー監督の父はカリフォルニア州のノートン空軍基地の技
術部門で働いていた軍事専門家だった。ベイカー監督は異なる5つ
の球団を地区優勝に導いた実績を持っている。軍事知識も豊富な
戦略家のベイカー監督は、大谷を二刀流選手だけでなく、指揮官と
しての資質があると評価しているのかもしれない。　（22年10月5日）

LESSON 10

「Rain down the chant of MVP!」

「MVP!」のコールが鳴り響く

ファンの切実な祈り

大谷が22年10月1日、アナハイムで行われたテキサス・レンジャーズ戦の前にチームMVPと最優秀投手賞（ニック・エイデンハート賞）を2年連続ダブル受賞し、表彰式が行われた。

エイデンハートは2009年4月8日の登板後に事故死したエンゼルスの有望な若手投手。不慮の事故で命を落とした彼を悼み、設立されたのがエイデンハート賞だ。

その09年、地区優勝を果たしたエンゼルスは、リーグ・チャンピオンシップでヤンキースに敗れた。プレーオフ分配金の1人当たり約14万ドルがエイデンハートの遺族にも配られたという粋なエピソードもある。

今回の表彰式の間、スタジアムで鳴りやまなかったのが、ファンによる「MVP!」の大合唱だった。

米メディアは次のようなフレーズを使った。

「Anaheim crowd rained down chants of "MVP! MVP!"」（アナハイムの観衆からは、MVP! MVP! のコールが鳴りやまなかった）

"rain down"は、「（言葉が）雨のように降り注ぐ」を意味する。

"chant"は、「詠唱する」「さえずる」「旋律を付けて歌う」を意味する名詞・動詞だ。

「歌う」には"sing"という言葉もあるが、スタジアム全体に鳴り響くというニュアンスには"chant"がふさわしいようだ。

「rained down chants of "MVP! MVP!"」には、大谷にMVPを絶対に取ってほしいと祈るようなコール（訴え）が鳴り響くという臨場感が伝わってくる。

（22年10月7日）

「**What's next?**」

次は何をしでかすのか？

トランプ・インタビューの思い出

22年シーズンには15勝、219奪三振を記録した大谷翔平。地元のスポーティング・ニュースやスポーツチャンネルのESPNはあきれたように「What's next?」と大騒ぎだ。このフレーズの意味は「ショウヘイは一体次は何をやってくれるのか？」という期待が込められている。

同じような意味ではWhat comes next?（次はどうなる？）がある。他の使い方の一例としては「Next please!」（お次の方、どうぞ）は、例えばワクチン接種を待っている患者に声をかける時にも使われる。

せっかちなアメリカ人ビジネスマンもよくこのフレーズを使う。1984年半ば、当時不動産王と呼ばれたドナルド・トランプ氏にマンハッタンの事務所でインタビューした時のこと。五番街ティファニー宝石店の隣にあるトランプタワーでのことだったが、質問に答えるたびに、トランプ氏はたたみかけるように「What's next?」とこちらに質問を催促してきた。

早くインタビューを終えて、我々を追い出したいのかとも思ったが、そうではなかった。30分前後の取材を終えて、摩天楼を背景にした窓際でのカメラ撮影を終えると、「私のワイフだ」と紹介しながら、夫人が事務所に入ってきた。その時に会った夫人は後に大統領夫人となったメラニア夫人（05年結婚）ではなく、最初の妻（イヴァナ・マリエ・トランプ）で、彼女は22年7月に死去した。娘のイヴァンカ・トランプ（トランプ政権時代の補佐官）の実母である。What's next?とたたみかけることで会話の主導権を握ることを学んだ。　　　　　　　　　　　　　　　　（22年10月10日）

LESSON 12

「Don't do that to me」
オレにはぶつけないでくれ！

大谷の愉快なジョーク

22年シーズン最終登板を翌日に控えた10月4日、大谷は敵地オークランド・アスレチックス戦の3回の打席で右上腕に死球（hit by pitch）を受けるアクシデントに見舞われた。

ウオ！　と叫び、バットを放して痛そうにうずくまった大谷は、心配そうに駆け寄るチームメイトをよそに立ち上がり、1塁ベースに向かった。その時、一塁手のセス・ブラウンにいたずらっぽい笑顔で声をかけたシーンを、米投球分析家ロブ・フリードマン氏が自身のツイッター（現X）で内容を分析して映像に字幕をつけている。

それによると、「Tomorrow」（明日な！）と声をかけた大谷に対し、ブラウンは「Don't do that to me」（俺にはぶつけないでくれ！）と返答。大谷が「君にぶつけて、この仕返しをするよ」という意味のジョークを言ったようだ。

全国紙「USA TODAY」の系列メディア「FOR THE WIN」は大谷の「Tomorrow」の言葉を「Hilarious threat」（愉快な脅かし）と報じている。"hilarious"は「明るい」「陽気な」「楽しい」といった意味で、"threat"は「脅かし」「脅迫」の意味だ。"Don't do that"は日常的に使われる言葉で、「やめなさい！」の意味。親が言葉を覚えたての小さな子供に対しても使う。

誰も、大谷が本気で仕返し（revenge）するつもりだとは思わないが、大谷のジョーク好きがこの場面からもわかる。

（22年10月12日）

LESSON **13**

「I want to win」

俺は勝ちたい！

さすがの大谷も我慢の限界？

大谷が常に言っているフレーズだ。エンゼルスは21年77勝85敗（ア・リーグ西地区4位）、22年73勝89敗（西地区3位）と2014年以来、プレーオフ進出に失敗している。大谷が好投（pitching gem）しても味方が得点しない限り、勝利の女神は微笑んでくれない。

大谷がMVPを受賞した21年のこと。「USA TODAY」紙（9月29日付）によると、「9月27日、シアトルでの対マリナーズ戦を5対1で敗れたあとで、大谷の我慢（his patience）にも限界があるように見えた。大谷の表情にはHis disappointment（失望）and disgruntlement（不満）が明らかだった」とある。大谷は記者団から自分の将来について聞かれて「私はこのチームが好きだ。ファンも気にいっている。このチームの雰囲気も好きだ。しかし何よりも、私は勝ちたい。このことが私にとって一番大きなことだ。"I want to win. That's the biggest thing for me. I'll leave it at that."（今日はそのくらいにしておくよ）」と答えていた。

大谷がエンゼルスの家族的な雰囲気とカリフォルニアの温暖な気候と人々の優しさを愛しているのは間違いない。ただチームが勝てない現状との板挟みになっている。

ファンやマスコミの間でも「勝てるチームに行ったほうがよい」「大谷に勝たせたい。エンゼルスにいて欲しいけど、大谷の将来にはよくないかも」と様々な声が飛び交っている。さて、どうする大谷。

（22年10月14日）

LESSON **14**

「He is the G.O.A.T」

彼は史上最高の人物だ

ベーブ・ルースを超えた男

大谷翔平は22年シーズンに157試合に出場して打率.273、34本塁打、95打点。投げても15勝9敗、防御率2.33と結果を出した。奪三振数219、166投球回数はいずれもシーズン自己最多。奪三振率11.87は、ニューヨーク・ヤンキースのエース、ゲリット・コールの11.53を抑えて、ア・リーグ1位である。

1918年のベーブ・ルース以来104年ぶりとなる「2桁勝利＆2桁本塁打」どころか、史上初の投打規定数同時到達も達成した大谷に対し、米メディアは聞き慣れない言葉を使い始めた。

それが、「G.O.A.T」だ。「He is the G.O.A.T」、直訳すると、「彼は山羊だ」となるが、勿論、大谷は山羊ではない。

「Greatest Of All Time」（史上最高の人物）

この頭文字を取って省略した英語で、最大限の賞賛を意味する。山羊の「goat」と同じスペルになることから、SNSでは文字の代わりに山羊の絵文字を使うケースが多い。

"all time"は「前代未聞の」「空前の」「不変の」を意味する。通常はハイフンを入れて"ALL-TIME"として使う。

"G.O.A.T"は70年代に活躍した伝説的プロボクサー、モハメッド・アリが自らを表現するために使っていた、「I am the greatest」（俺が世界で一番偉大な男だ）を想起させる。

（22年10月14日）

LESSON **15**

「**Disgustingly good**」
うんざりするほど素晴らしかった

好投に応えられないエ軍

22年6月8日、地元アナハイムでのボストン・レッドソックス戦では好投しながらも0−1で敗戦。この試合でエンゼルスの連敗記録は14まで伸び、MLB担当のレット・ボリンジャー記者は「most disappointing team」（最も失望したチーム）と遠慮なしに書いた。

最後まで孤軍奮闘が続いた中、フィル・ネビン監督代行が面白い表現で大谷を絶賛したのは、9月30日のオークランド・アスレチックス戦だ。この試合、8回無失点の好投で15勝目を挙げた大谷は4回に3番、ショーン・マーフィーからツーシームで空振り三振を奪った。球速は154キロ。それが、マーフィーの内角に向かってスッと落ちたのを見て、ネビン監督代行はこう言っているのだ。

「Disgustingly good」（うんざりするほど素晴らしかった）

"disgustingly"とは本来、「吐き気がするほど」とか「胸くそが悪い」を表現する言葉で、どちらかといえば否定的な状況を示すが、"good"を強調する際に、"very"（非常に）とか"amazingly"（素晴らしく）といった表現の代わりにあえて挿入することもある。

（22年10月19日）

LESSON 16

「What can't he do?」

大谷に出来ないことはないのか？

今後100年以上
見ることができない選手

21年4月頃から米マスコミが大谷に対して頻繁に使い始めたフレーズだ。21年は球速160キロ以上を投げ、本塁打を46本打ち、ア・リーグのMVPに輝いた。22年8月9日には2桁勝利、2桁本塁打を達成、1918年のベーブ・ルース以来、104年ぶりの記録を更新した。

22年9月10日、対ヒューストン・アストロズ戦で6対1でシーズン12勝目を挙げ、しかも最速の163キロを投げた時もアナウンサーが「What can't he do?」と叫んだ。

同じような使い方には「there is nothing he can't do」（彼にできないことはない）があるが、what という単語を先に出すことによって、驚きのインパクトの強さを強調しているようだ。

大谷は21年9月には米週刊誌「TIME」の「世界で最も影響力のある100人」に英国ヘンリー王子・メーガン妃らとともに選ばれたほか、記録の面でも三塁打8本とリーグトップ。長打も80本でリーグ2位と抜群の成績を残している。

MVP候補のライバル、アーロン・ジャッジが在籍するニューヨーク・ヤンキースの選手も、テレビインタビューで大谷のことを「I have never seen in my life」（今まで見たことがない〈人物〉）と評している。「これまで100年以上見たことがなかったし、今後100年以上見ることができない選手」という絶賛の声が絶えない。西海岸ロサンゼルスと東海岸ニューヨークの間には時差が3時間あるが、ヤンキースの選手たちも大谷のゲームを見るためにビデオの録画をセットしてから球場入りするという。

（22年10月20日）

LESSON **17**

「This isn't supposed to be possible」

不可能を可能にする男

ミスター・インポッシブル

大谷翔平ファンを公言する米FOX SPORTSのベン・バーランダー記者は、大谷が自己最長の18試合連続安打をマークした22年10月3日のアスレチックス戦を振り返り、「その期間のショウヘイの防御率は0.90。マウンドに立った20イニングで、奪った三振の数は25だ」と前置きして、こう言っている。

「This isn't supposed to be possible」（本来は可能であるはずがない）

続けて、「ベーブ・ルースも当時、『投手としてローテーション入りしながら、一方で毎日打席に立つことは、"Not sustainable"（持続不可能）だ』とコメントしている。二刀流が困難なことは、ベーブ・ルースも認めているではないか」と言った。

"sustainable"は、「持続可能」という意味だが、"not"が入れば、「持続不可能」ということになる。

"suppose"は「想定する」「推測する」の意味で、"suppose to be"は「～するはず」。例えば、「You are not supposed to be here」（あなたはここにいないはずだ）と言えば、婉曲に「お帰りください」を意味する。

招待状がないのにパーティ会場に現れた人物を断る時などに、「You are supposed to be in KYOTO today」（あなたはきょう、京都にいるはずでは？）と言って追い出す。

ニューヨーク・ヤンキースのアーロン・ジャッジとのMVP争いで大谷の受賞を支持するファンの間では、「SHOHEI, Mr.impossible, OHTANI」と、ミドルネームに「ミスター・インポッシブル」（不可能）を入れた方がいいという訴えもある。　　　　（22年10月21日）

LESSON 18

「10 things Ohtani can't live without」
大谷が生きるために必要な10のアイテム

枕は日本からの特注品

22年1月、米国男性誌『GQ』が大谷のインタビュー記事を掲載。「10 things Ohtani can't live without」（大谷が生きるために必要な10の品物は何か）を聞いた。その答えが次の10のアイテムだ。真面目な大谷の性格を物語っている。

①iPad（自分のバッティングの統計などが全て収められている必需品。リラックスするためにNetflixの「イカゲーム」を見たり、マンガを見たりする）

②pillow（枕。日本からの特注品で、自分の頭のサイズや枕の中心に頭が収まるように綿密に計算されている。大谷はうつぶせに寝ることが多いとインタビューで答えている）

③cell phone（スマートフォン。その都度必要なメモを入れている）

④game ready ice machine（携帯用アイスマシン。米国に来てから使い始めた。宿舎や移動先のホテルでも使うことができる）

⑤bat（アシックス製GOLD STAGEと呼ばれる特注品。従来はカエデ材だったが、カンバ材に変えている）

⑥glove（これも日本の特注品で、年間通して使う貴重品）

⑦cleats（スパイクのこと。できるだけ軽い品質のものを選んでいるという）

⑧heart rate monitor（腕時計型心拍計測器）

⑨compression pants（伸縮性のある素材を利用して筋力強化や柔軟性を確保するための加圧パンツ。腕だけの装置もある。ベッドの上で映画を見ながら使うことができる）

⑩weighted sleep mask（移動中の機内で多く使う。一般のアイマスクとは少し重いが快眠効果が抜群だという）　　　（22年10月25日）

LESSON **19**

「**Forget about it**」
スゴイ！

「ドンマイ！」よりクールかも？

大谷が本塁打を打った際、実況アナウンサーがよく使うフレーズのひとつだ。本塁打性のボールの行方を追いかけている時には、「going! going!」(ボールが伸びている！　伸びている！)と叫んだあとに、「gone!」(入った！)となるが、打った瞬間に明らかにそれとわかる場合に使われる。

「Forget about it!」は直訳すれば、「忘れろ！」「気にするな！」「もう諦めろ！」。これがスラングでは「スゴイ！」という意味になる。ニューヨークなど東海岸で使われることが多いようだ。

余談だが、ニューヨークのブルックリンにはかつて、現在のロサンゼルス・ドジャースが本拠地をもち(1884〜1957年)、人気を博した。現在のニューヨークはヤンキースとメッツのおひざ元。大谷とのMVP争いの結果が注目されているアーロン・ジャッジが「BRONX BOMBER」(ブロンクスの爆撃機)のニックネームで呼ばれるのは、本拠地のヤンキースタジアムがブロンクスと呼ばれる区域にあるからだ。

日本では草野球でもなんでも、打たれた投手やミスをした選手に、「ドンマイ、ドンマイ！」と声をかけることが多い。ドンマイは「Do not mind!」(気にするな！)の省略形。それよりも「Forget about it!」と叫ぶ方が"cool"(かっこいい)かもしれない。

アナウンサーは本塁打が出た場面では、「Good bye baseball!」とか、一言「Got it!」(やったー！)と叫ぶことも多い。ヤンキース担当のアナウンサーの場合には本塁打や好プレーに対して、「How about that!」(どうだ、スゴイじゃないか！)と称賛の言葉を投げかける。

(22年10月26日)

LESSON **20**

「Blowing my mind」

奴には度肝を抜かれっぱなしだよ

チームメイトによる賞賛

大谷に対しては「エイリアン」(alien) だとか「人間離れしている」(superhuman) といった表現が多いが、チームメイトのジャレッド・ウォルシュ選手の言葉も印象的だ。フレーズは少し長いが紹介しよう。

「This guy has been blowing my mind for three years」(過去3年間、奴には度肝を抜かれっぱなしだよ)

"blow"とは「息を吹く」「爆破させる」「感心させる」「仰天させる」「(ボクシングなどで相手を) 強打する」などのいろいろな意味がある。例えば「Blow a kiss」は投げキッスを送るという意味だし、「Blow soap bubble」はシャボン玉を吹く、だ。

ウォルシュ選手はマイナー時代の2018年、本格的な投打の二刀流に挑戦したことがある。1Aから3Aで、投手として8試合に出場し、0勝1敗1セーブ、7奪三振、防御率1.59。野手としても130試合に出場して打率.277、29本塁打の成績を残している。エンゼルスに移籍してからは、21年のオールスターゲームにも大谷と一緒に出場。ホームランダービーの直前、故障で出場できなかったチームメイトのマイク・トラウトからの激励の携帯電話を大谷に取り次いだのもウォルシュ選手だった。二刀流の価値や難しさを骨の髄まで知っている選手である。

そのウォルシュが「He surprises me everyday」(今でも毎日驚かされているよ) と呆れ顔で首を振る。スポーツの世界は残酷さや嫉妬、過剰な男社会の文化に満ちているものだが、大谷だけは例外なのかもしれない。

(22年10月28日)

「There is no wrong option」

（MVP選びに）悪い選択はない

人間の形をした神話的伝説

メジャーリーグの歴史上でも、最も熾烈だと言われている今季
(22年) のア・リーグのMVP争い。61年ぶりにリーグの年間本塁
打記録を更新する62号を放ったニューヨーク・ヤンキースのア
ーロン・ジャッジか、104年前にベーブ・ルースがマークした「2
桁勝利＆2桁本塁打」をはるかに凌駕する「15勝＆34本塁打」を
記録した大谷翔平か。米国の専門家の意見も真っ二つに分かれ、
選手たちも大騒ぎだ。

シカゴ・カブスのマーカス・ストローマン投手は大谷を支持する
1人。シーズン終了直後、「自分だったら、ショウヘイに投票する。
ジャッジにとっても最高の歴史的なシーズンとなったのは間違い
ない。だが、大谷がやったことは過去に誰もやったことがなかっ
たし、今後も2度と見ることができない稀なことだ。2人はとも
にMVP以上に値する」と言い、こう続けた。

「There is no wrong option!」(どちらに投票しても悪い選択にはな
らない)

"wrong"とは「間違った」「悪い」「違う」という意味だが、微妙な違
いがある。「You are wrong」は「お前が悪いよ」だが、「something
wrong」は「手違いが生じる」。"go wrong"は「道を誤る」「堕落す
る」。電話番号のかけ違いの時にも「sorry, I got a wrong
number」と言って謝る。

ストローマン投手は21年5月にも、「オオタニは人間の形をした神
話的伝説だ」(Ohtani is a mythical legend in human form) と賞賛
していた。

(22年11月2日)

LESSON 22

「I love him like my son」

私は彼を息子のように愛している

メジャーリーグに3人の息子

このフレーズは今夏（22年）、エンゼルスのフィル・ネビン監督代行が米スポーツチャンネルのひとつ、「ESPN」のインタビューに答えた際に発したものだ。当時、今季のア・リーグのMVPは大谷翔平とニューヨーク・ヤンキースのアーロン・ジャッジの一騎打ちという様相を呈していた。そのMVPの行方を問われたネビン代行は、正確には「I love Aaron Judge like my son」（私はジャッジを息子のように愛している）と、言っている。

ネビン代行は2018年から4年間、ヤンキースで三塁コーチを務め、主砲のジャッジとも個人的に親しい間柄だった。ジャッジは30歳、大谷は28歳。どちらもネビン代行にとっては、息子のような年齢だ。25歳になる本当の息子、タイラー・ネビンもボルティモア・オリオールズ（23年からデトロイト・タイガース）の外野手として活躍しており、彼にとってはメジャーリーグに3人の息子がいるようなものだ。その息子のような2人がMVPを争うことになり、ことあるごとに記者から質問されたが、「それでもMVPはオオタニだ」と次のように語っている。

「何度も言っていることだが、オオタニは最も価値のある選手（most valuable player）だ。これまで誰かが1つの道でやってきたことを、彼は2つの道（both sides）でやってのけた」「オオタニは誰もできなかったベースボールというゲーム（の精神）を引き継いでいる（take over）」

"take over"は「引き継ぐ」「引き受ける」という意味で、「I will take over」と言えば、「あとは任せてくれ」のメッセージだ。

（22年11月4日）

「I like to hit a home run」

ホームランを打つほうが好きだ

大谷が好きなビデオゲーム

大谷翔平の英語力はどの程度なのか？

22年9月27日の試合前にダグアウトで収録したインタビュー内容が放映されている。インタビューは地元放送局「Bally Sports West」の解説者、マーク・グビザ氏との1分半のやりとり。珍しく通訳の水原一平氏を挟まずに行われて話題を呼んだ。

最初の質問は全米で話題になっているNetflix配信のSFホラードラマシリーズ「STRANGER THINGS」（邦題：未知の世界）の中で「好きな登場人物は？」。

大谷の答えは「ダスティン」。失踪した12歳の少年ウィルの親友でオタク的な部分が目立つ役柄だ。グビザ氏に「Why that?」（なぜ？）と聞かれた大谷はすぐに「He is funny」（彼は面白い）と即答していた。

次の質問は「今好きなビデオゲームは何？」。大谷はこれまたすぐに、「CLASH ROYALE」（クラッシュ・ロワイヤル）と回答。続けて「誰が対戦相手か？」と聞かれて、チームメイトのデビッド・フレッチャー内野手の名を挙げた。

フレッチャー選手は同じ28歳で、バンパープール（ミニビリヤード）を一緒に遊ぶ仲間でもある。本塁打を放った後、ダグアウトでカウボーイハットをかぶる大谷にWATER SPLASH（水かけセレモニー）をする役割もフレッチャーが多い。

インタビューの最後は「400フィート（122メートル）の特大ホームランを打つのと、100マイル（161キロ）のボールを投げるのとどちらが好きか？」。大谷は即座に「(I like to) hit a home run」と答えていた。　　　　　　　　　　　　　　　　　　　（22年11月9日）

「Shohei Ohtani is a planner」

大谷翔平はプランナー(計画通り進める男)だ

殿堂入りという大きな目標

米老舗スポーツ誌「スポーツイラストレイテッド」(電子版・22年11月)は「30歳未満の各年齢で野球殿堂入りする可能性が最も高い選手」を特集し、エンゼルスの大谷翔平選手(28)を選んだ。22歳から29歳までの年齢ごとに最も殿堂入りの可能性が高い選手を紹介。28歳の部門では大谷を選出した。

22年7月16日付の「ロサンゼルス・タイムズ」紙上で、コラムニストのディラン・ヘルナンデス氏がこのようなフレーズで大谷の生き様を評した。

「5年前(17年)、米国行きの記者会見を開いた時、大谷は世界一の選手を目指すと言った。ワールドシリーズに関して聞かれると、彼は『ある選手が世界一の選手を目指すということは世界一のチームを経験しなければならないと思う』(As someone aiming to be the No.1 player in the world, I think it's a place you have to pass through.) と答えている」。pass throughは通過する、経験する、を意味する。

大谷は日頃から「私はファンが好きだし、エンゼルスの雰囲気が好きだ。しかし同時に勝ちたいという気持ちはますます強くなっている」(But my feelings of wanting to win are stronger.) と言っている。大谷の計画のなかには常にクーパーズタウン (Cooperstown)、つまり野球の殿堂入りという大きな目標がある。大谷が23歳で米国に来た当初、年俸も200万ドルプラス・ボーナスに制限されていた。それが今ではフリーエージェントになれば、a nine-figure deal (9ケタ台。数億ドル単位) の契約は間違いない。

(22年11月10日)

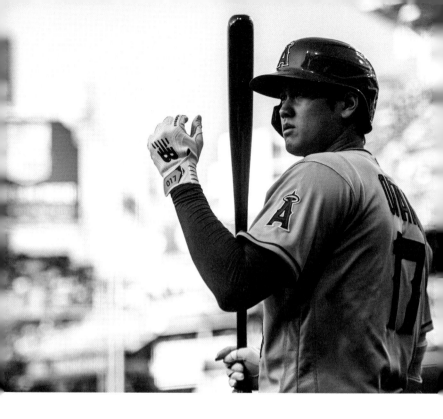

「Shohei deserves two salary」

翔平には2人分のサラリーの価値がある

球団は2人分の給料を支払うべきか

22年度ワールドシリーズが終わった。オフになった選手は束の間の休息を楽しんでいるが、エンゼルスのジョー・マドン前監督はマスコミに引っ張りだこのようだ。

先日は、米スポーツ専門局「FOXスポーツ」の人気ラジオトーク番組「ダン・パトリック・ショー」に出演。大谷について言及した。司会者から2023年に迎えるFA問題に関し、「球団は2人分の給料を支払うべきか」と聞かれ、「もしオオタニが二刀流を続けるならば、彼は一般の選手（one way player）とは別のサラリーを受け取るべきだ」として次のフレーズを口にした。

「Shohei deserves two salary」（ショウヘイは2人分のサラリーを受け取る価値がある）

"deserve"とは「〜に値する」「価値がある」「ふさわしい」を意味する。例えば、何かで表彰されたときの挨拶で、「It's really more honor than I deserve」（身に余る光栄です）と用いたりする。

これが、「He deserved it」となると、「奴には当然の報いだ」「自業自得」というネガティブな表現となる。

マドン前監督は、こうも言っていた。

「二刀流の意味は2人の選手が1人の選手のなかに存在しているということだ。それは独特なアイデアで、2人のオオタニ選手として交渉あるいは評価するべきということだ。彼は1人の男ではない（He's not one dude）」

"dude"はスラングで「男」「奴」「野郎」という意味。マドン前監督は最後まで、大谷を「Once-in-a life time-player」（生涯に一度の価値がある選手）と持ち上げた。　　　　　　（22年11月11日）

LESSON 26

「End up with the Dodgers」
（大谷は最後には）ドジャースに落ち着く

有名パーソナリティによる大胆予測

こう断定するのはMLBネットワークのパーソナリティ、クリス・マッド・ドッグ・ルッソ氏 (Chris Mad Dog Russo) だ。mad dogとは文字通り、「狂犬」。アメリカ人は狂犬 (mad dog) が好きなのか、カナダ人プロレスラー、モーリス・バションのあだ名mad dogからもらったという話もある。

トランプ政権の初代国防長官のジェームズ・マチス氏もアフガニスタン、中東での武勇伝で、mad dogと呼ばれたが、途中でトランプから逃げ出した。そのルッソ氏がOhtani will end up with the Dodgers (オオタニは最後にはドジャース入りで決まり) とラジオ番組で断定している。end up withは「〜で結末をつける」「〜で終わる」の意味。

彼はニューヨーク州ロングアイランド生まれだが、学校卒業後フロリダに行き、ラジオのトーク番組を始めた。彼のアクセントがフロリダ州の視聴者には理解不明だったため、週に2度、地元の「スピーチ・セラピスト」(speech therapist) (話し方教室) の学校に通い、アクセントを直したという。「High Heat」と呼ばれる長寿番組も担当しており、MLBの裏話などを連日視聴者に届けている。high heatとは直訳すると「高熱」を意味するが、「高めの直球」という野球のスラングでもある。日本風に表現すると「(狂犬ルッソの) 直球勝負」といったところか。

22年11月上旬にはradio hall of fameと呼ばれるラジオパーソナリティの殿堂入りも果たした。

(22年11月15日)

「He'll dictate the dance steps」
彼は交渉の主導権を握るだろう

キャッシュマンGMが呟いた

少し難解なフレーズだが、アーロン・ジャッジとの契約延長交渉を前にニューヨーク・ヤンキースのブライアン・キャッシュマンGMが呟いた言葉だ。ジャッジは今季 (22年) 開幕前、ヤンキースがオファーした8年総額2億1350万ドル (当時約256億円) の提示を拒否しているタフな相手だ。ひょっとして今後、大谷に向けてキャッシュマンGMが呟くかもしれない言葉でもある。

「He will dictate the dance steps」

直訳すると、「彼はダンスのステップ (歩幅や足の動き) を指示するだろう」。つまり、キャッシュマンGMは「ジャッジが交渉の主導権を握るだろう」と言ったのだ。

"dictate"は「指揮する」「命令する」「決定する」「指図する」といった意味だ。秘書に口述筆記をさせる時にも「He dictates letters to his secretary」という。"dictater"は「命令する人」「独裁者」。強い立場を意味することが多い。

"dance"はこの場合、ジャッジとの交渉 (negotiation) を意味し、「できれば魔法の杖 (magic wand) を振って早く交渉をまとめたいが、彼はフリーエージェントになる権利を持っている」と同GM。

「dance steps」の"steps"は「手順」「歩み」「足取り (足跡)」などを意味する。「step by step」は「少しずつ」「ゆっくりと」「段階を踏んで」という表現のひとつ。同GMは、ジャッジが自分でダンス (交渉) のペースや方向を決めることができる有利な立場にあることを認めているのだ。ジャッジにとってのダンスの相手はジャイアンツ、ドジャース、メッツ、レッドソックスなどがウワサされている (その後、ヤンキースに残留)。 (22年11月16日)

「Ohtani is not getting moved」
大谷はどこにも行かない

エ軍GM発言の信憑性

ストーブリーグの真っただ中。MLBも一寸先は闇だ。22年度ワールドシリーズを制して世界一になったヒューストン・アストロズでも、ジェームズ・クリックGMが球団からの再契約のオファーを断ったことが話題になっている。

大谷翔平の動向に関しても騒々しい。エンゼルスのペリー・ミナシアンGMが、GM会議が開かれているラスベガスで記者団を前に自信満々に語った言葉が今回のフレーズだ。

「Ohtani is not getting moved.」

さらに「We are not moving him.」（我々も彼をどこにも行かせない）と付け加えた。

"move"は「動く」「動かす」。戦争映画で上官がダラダラ行進をする兵隊に対して「Move! Get move!」と叫ぶ場面もよくある。ミナシアンGMのフレーズを言葉通りに受け取れば、「エンゼルスはオオタニをどこにもトレードに出すつもりはない」ということだ。

しかし、ミナシアンGMの言葉とは裏腹に、「他球団のGMたちはこの発言を額面通りに受け取っていない」と米スポーツチャンネル「ESPN」のジェフ・パッサン氏が言う。

「ワシントン・ナショナルズのマイク・リゾGMの例を見てくれ。彼も22年6月1日の段階でフアン・ソト選手をトレードに出さないと明言していた。しかし8月2日にソト選手とジョシュ・ベル選手の2人をセットでサンディエゴ・パドレスに電撃トレードしたではないか」とし、誰もミナシアンGMの言葉を信じていない（not convinced）と語っている。

（22年11月18日）

LESSON **29**

「Angels have no appetite」
エンゼルスは食指を動かさない

トレード話という諸刃の剣

大谷翔平をめぐり複数のチームがエンゼルスに接近してトレード話を持ち掛けているとの噂があるが、全てエンゼルス側が断っているという。ニューヨークのスポーツチャンネルSNYのアンディ・マルティノ記者が内幕を語っているフレーズがこれだ。

"The Angels have no appetite"（エンゼルスは食指を動かさない）appetiteは食欲、欲望、興味を示す、といった意味で、エンゼルスがトレード話に全く興味を示していない。オーナーのアルトゥーロ・モレノ氏は22年8月、球団売却の意思を表明しているものの、どこまで話が進んでいるかは全く不透明だ。同記者によると、オーナーの立場から見てもトレード話が具体的に浮上すること自体が諸刃の剣（a double-edged sword）となる。つまり不運な結果や好ましくない結果をもたらす危険性もあると言いたいようだ。同記者は「現在エンゼルスは大谷という輝くスーパースターを保有しており、彼自身が売却値段（the sale price）を釣り上げる（jack up）ことに1枚も2枚も役割を担っている」とも分析する。

a once-in-a-century superstar（100年に1人と言われるスーパースター）の大谷とマイク・トラウトのコンビは最強のワンツーパンチ力があるが、そのパンチ力が有効的に生かされていないことも指摘している。

(22年11月20日)

LESSON **30**

「Are you kidding me!?」

冗談だろう!?

アナウンサーが何度も叫んだフレーズ

今シーズン（23年）もアナウンサーが大谷翔平の本塁打や連続奪三振（strike out in a row）の直後、数十回、数百回と叫んだフレーズがこれだ。

「Are you kidding me!?」

大谷のまさかと思われるパフォーマンスに驚いた時の表現で、「get out of here」（ウソだろう！）、「forget about it」（スゴイ！）と叫ぶアナウンサーも多い。

"kidding"の"kid"の語源は名詞で子供、子やぎ。"kidding"は動詞で「ごまかす」「からかう」という意味だ。

「I am just kidding」は「冗談だよ」。「You are kidding?」と末尾を下げて発音すると「冗談でしょ？」と相手に問いかける表現になる。「You must be joking」あるいは「You've got to be kidding」も同じ意味。「I kid you not」は「嘘じゃないよ。本当だよ」と相手を納得させる時に使う。「All kidding aside」は「冗談はさておき」を意味する。このフレーズを枕言葉にして結婚式の祝賀スピーチを始めるケースもある。

同じように米アナウンサーが頻繁に使うフレーズの一つが「no doubt about it」（間違いない、確実だ）。大谷の打球がレフトスタンドに大きく飛んで行った時には「big fly」（大きな打球だ）と叫び、そのあと、「no doubt about it」（入るのは間違いない）と呟き、スタンドに入ったのを見て「gone!」（入った！）となる。日本語で「イッテラッシャイ、ベースボール！」と叫ぶアナウンサーも多いが、「イッテラッシャイ」は「good bye」（グッバイ）と同義。

（22年11月25日）

LESSON **31**

「Why Shohei got snubbed」

なぜショウヘイは冷遇されたか？

チーム力を考慮したMVP選出方法

全米野球記者協会（Baseball Writers' Association of America=略称BBWAA）で大谷翔平にMVP票を投票した地元メディア「ジ・アスレチック」のサム・ブラム記者が自身のコラムで書いたフレーズだ。「ニューヨーク・ポスト」紙（11月18日付）が引用している。全体の文章は次の通りだ。

「I am assuming Judge taking to the playoffs is why Shohei got snubbed?」（私の推測だが、ジャッジがヤンキースをプレーオフに導いたことがショウヘイがMVP選びで冷遇された理由だ）

"got snubbed"とは「冷遇される」「ひじ鉄砲を食らわせられる」といった意味。「鼻であしらわれる」といった不愉快な意味もある。「昨年は我々皆がオオタニの記録に対してワォー！と歓声をあげて（oohed and ahhed!）全員一致で投票した。彼の商品的価値（novelty）は2021年と22年では違う。今シーズンは昨年よりもはるかに向上（improve）していた。彼の2つの分野での力量（dual prowess）は、あの偉大なベーブ・ルースを超えていた。MVP選出にはチームの強さが反映されるべきではない。チームメイトの強さがMVPポイント獲得の理由になってはならない。オオタニも長い間続くエンゼルスの悪夢（nightmare）にへこたれてはいけない（should not get dinged）」。"get dinged"は「へこむ」「気を落とす」の意味。"nightmare"は「悪夢」という意味だが、エンゼルスの悲惨なブルペン陣を指す言葉だ。「誰か一番を決めるという草野球（sandlot baseball）の世界なら別の話だが」と最後には嫌みと取られるような言葉を吐いている。MVP争いにチーム力を考慮した選出方法に反対しているのだ。　　　（22年12月1日）

「Head and shoulders above」
（他の選手よりも）抜きん出ている

最も印象的なパフォーマンス

「私は体調が万全でない時でも、ゲームを戦い抜くことができる」
(When I don't have my best stuff, I can fight through the game)
と大谷が言ったことがあった。22年5月11日のタンパベイ・レ
イズ戦後のコメントだ。「The best stuff」とは「自分の備えてい
る最高の状態」のこと。"stuff"はモノ、素質、才能が詰まった状
態を示す名詞・動詞や形容詞。「stuffed nose」といえば鼻詰まり。
「I am stuffed」と言えば「私は満腹です」を意味する。

大谷は「3番・投手」で出場したその日、普段は96マイル（約
154.4キロ）の直球の平均球速が93.3マイル（約150.1キロ）まで落
ちた。2回表には6番、ケビン・キーアマイヤーに右中間への一
発を被弾。奪三振数は5にとどまった。それでも、6回を投げて2
安打1失点。現地メディア「sportskeeda」のフィッツ・パトリ
ック記者は「この日のオオタニのパフォーマンスは最も地味に見
えたかもしれない。しかし、疲労などの不確定要素を計算に入れ
た場合 (when you factor in the variables)、最も印象的なパフォ
ーマンスだった。今年前半の印象的な5試合の1つに入れたい。
体調がよくない時でも効果的に投球を続けることができたのは、
彼がいかにライバルより抜きん出ている (head and shoulders
above) 選手かを示す証左でもある」と書いている。

この「head and shoulders above」の語源は（身長を比較して）、
「頭と肩の分だけ他より高い」ことから、「〜より優れている」と
いう表現に使われる。

（22年12月9日）

LESSON 33

「The Yankees are gonna be on him」
ヤンキースが大谷を狙っている

全チームによる入札戦争

大谷は来季中（23年）にFA権を手にする。エンゼルスに残留するのか、あるいは、他球団に移籍するのか。米国内でもすでに大きな注目を集めている。

ナ・リーグの名門、ロサンゼルス・ドジャースが大谷獲得に照準を合わせているとの報道があるが、もちろん、狙っているのはドジャースだけではない。米スポーツチャンネル「ESPN」のジェフ・パッサン記者は12月7日、スポーツ分析家のパット・マクフィー氏の番組で、「大谷がドジャースに行くとは言えない。すべてのチームが狙っている」と、こう語っていた。

The Yankees are gonna be on him.（ヤンキースも彼を狙っている）。「〜になる」という意味の"gonna be"は「going to be」の省略形で、「be on him」は「彼に関して取り組んでいる」「狙っている」を意味する。「I am on it」と言えば、「I am（working）on it」の省略形で、ビジネス英語では「（その件については）私が取り掛かっています（チェックしています）」を意味する言葉だ。忘年会を兼ねてバー（居酒屋）で飲んでいる時、さりげなく「next drink is on me」（次の1杯はオレのおごりだ）と言えば仲間の評価があがることは間違いなしだ。

話を戻して、球団売却を進めるエンゼルスの新しいオーナーの立場からすれば、大谷をトレードに出したり、FAで他球団に流出させたりするより、ロースター（選手名簿）に残しておくことが賢明だとわかるだろう。仮に大谷が来年、延長契約に同意しないならば、来年（23年）オフには「a bidding war」（入札戦争）が始まることになる。　　　　　　　　　　　　　　（22年12月14日）

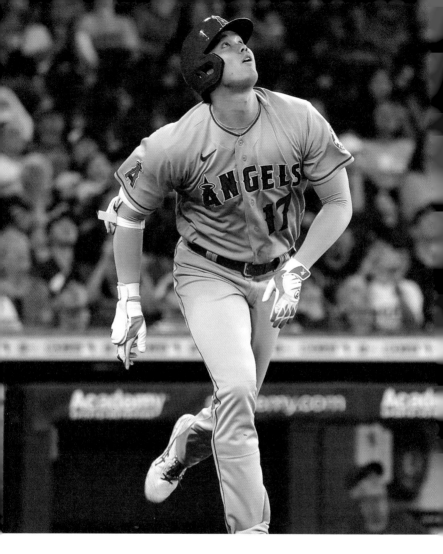

LESSON **34**

「It's just another day」

日常茶飯事

大谷の破壊力は「建物解体用の鉄球」

米メディアは今、「2022年のメジャーリーグ名場面」を連日のように特集している。当然、史上初めて投打のダブル規定到達を果たし、1918年のベーブ・ルース以来となる2桁勝利＆2桁本塁打をマークした大谷翔平も大きく取り上げられている。

米スポーツ専門サイト「sportskeeda」のフィッツ・パトリック記者は「オオタニのようなmulti lethal pitcher/batter（複数の凶器を持つ投手と打者）にとっては、it's just another day at ball park（球場でのありきたりの一日）に過ぎない」と表現している。

彼が書いたこの2つのフレーズが面白い。ひとつは大谷を「multi lethal」と評したこと。もうひとつは大谷の偉業を彼にとっては「just another day」と書いたこと。「just another day」とは「いつもの通り」「普段通り」、つまり、「日常茶飯事」という意味になる。元ビートルズのポール・マッカートニーに「Another Day」という曲がある。大谷にとっては普段通りにやっているに過ぎないことが、ファンや他の選手にとっては特別な名場面になってしまうということだ。

「multi lethal pitcher/batter」の"multi"は「複数の」「2つ以上の」を意味する。"lethal"は「致命的な」「決定的な」「死をもたらす」といった言葉だ。「lethal weapon」は「破滅的兵器」。メル・ギブソン主演の米アクション映画のタイトルだ。

大谷を評価するこんな表現も。大谷が2打席連続でソロ、満塁弾を放った22年5月9日のタンパベイ・レイズ戦。11-3でエンゼルスが圧勝すると、前出のパトリック記者は大谷の破壊力を「wrecking ball」と表現した。「wrecking ball」は建物解体用の鉄球のこと。イメージするだけでも破壊力抜群だ。　　　　　（22年12月16日）

「Chin music」

打者をのけ反らせる投球

危険球であわや一触即発

メジャーリーグでも投手が打者の顎すれすれを狙ったボールを投げることがある。打者をのけ反らせて威嚇する行為だ。日本では、「bean ball」（ビーンボール）と言った方が馴染のある危険球だが、米国ではこれを「chin music」（顎の音楽）と呼ぶことがある。顎（chin）の近くをビューッと凄まじい音（music）を立ててボールが通過する状態を表現しているのだ。

大谷もこの「chin music」で乱闘寸前の事態を招いたことがあった。21年5月29日の敵地オークランドでのアスレチックス戦だった。

3回裏無死1塁で、打席にマーク・カナ選手を迎えた場面。その2球目のストレートが抜け、カナの顔面スレスレを通過した。激昂したカナは大谷を睨みつけ、なにやらわめき散らしている。捕手のカート・スズキがカナ選手をなだめて事なきを得たが、両軍ベンチから選手が飛び出し、一触即発の状態になった。乱闘は回避したものの、敵地オークランドのファンから大きなブーイングが起きた。審判は、打者の頭部を狙ったボールを危険球と判断した場合、投手を退場（eject）させることができる。MLBでは年間1500回近くの「bean ball」が投じられているという非公式データもある。

"eject"には「退場させる」「追い出す」「（飛行機から）緊急脱出する」といった意味もあるが、「射精する」時にも"eject"を使う。一方で「chin music」には「無駄話」「くだらないお喋り」という意味も。「くだらないお喋りをする」は「make a chin music」。「I am tired of his chin music」は「奴のくだらないお喋りにはうんざりだ」となる。

(22年12月22日)

「**Frozen rope**」
強烈なライナー

大谷の調子のバロメーター

22年9月5日、本拠地アナハイムでのデトロイト・タイガース戦に10－0で快勝したエンゼルス。3番・DHで出場した大谷翔平は3回裏1死2塁の場面で初球を叩くと、強烈なライナー性の打球が右翼へ飛んだ。

ボールは右翼フェンスに直撃し、グラウンドに跳ね返った――ように見えた。大谷も全力疾走で1塁ベースを蹴ったが、2塁ベースに到達したところで審判の手がグルグルと回った。糸を引くような鋭い打球は右翼スタンドに飛び込み、それが外野に戻ってきたと判断されたのだ。

この31号弾丸2ランを見て、アナウンサーが叫んだフレーズが、「frozen rope!」だった。

凍ったロープ、あるいは、ピンと張ったロープのような鋭いライナーを表現するスラングだ。大谷にはこの「frozen rope」と呼ばれる打球が多い。調子のバロメーターにもなっている。

メジャーのスカウト陣は日本ハム時代から、特大の一発もさることながら、この痛烈なライナー性の打球に度肝を抜かれることが多かった。

そんな大谷の打撃を「hammered」と表現するアナウンサーもいる。これは、強烈な打球を生むインパクトの瞬間を、「ハンマーで叩いたような」と比喩したものだ。LESSON34「It's just another day」の項で紹介した、「wrecking ball」もそう。大谷の破壊力を建物解体用の鉄球に譬えたものだが、いずれにしろ、大谷の試合を中継するメディアでは、様々な比喩表現が登場する。

（22年12月23日）

「Less rest likely in 2023」

2023年は休みが少なくなる見通し

「6日に1度登板させる」

23年度の投手・大谷翔平について、エンゼルスのフィル・ネビン監督はこんな起用法を描いているそうだ。

「Ohtani will pitch every six days as much as possible」

地元紙「オレンジ・カウンティ・レジスター」のジェフ・フレッチャー記者が報じたもので、「(2023年は) 大谷にできるだけ多く、6日に1度登板させる」ということになる。つまり、23年シーズンは基本的に中5日の先発ローテで回ることになるのだろう。

その記事の見出しはこうだった。

「less rest likely in 2023」

大谷は2022年シーズン、中5日で先発した試合が12回。中6日の先発は16回だった。計28試合の先発で166イニングを投げて15勝9敗、防御率は2.33。しかし、ア・リーグのサイ・ヤング賞の投票では4位に終わり、最終候補3人の中に入れなかった。

上位3投手と大谷の成績に遜色はなかったが、投球回数は最も少なかった。

"less"は「少ない」「少なめの」、"rest"は「休養」。"likely"は「〜の見通し」「〜のように見える」という意味だ。"Less"は様々な使い方があり、「less expensive」は「高くない」、つまり「安上がり」の意味。「less than five guests are allowed to enter」は「5人以下の客しか入れない」となる。「the number of tourists are getting less and less」は「観光客の数がだんだんと少なくなっている」。"less"は数量を示す時にも使われる。例えば、「You had better use less sugar」といえば、「あなた、もう少し砂糖を控えて！」とワイフからの苦言を意味する。　　（22年12月25日）

「**Tungsten game**」
米国版なおエ（空しい試合）

不甲斐ない工軍への皮肉

日本では「なおエ」というネットスラングが話題になった。大谷翔平の投打にわたる活躍を伝えるメディアが、最後に「なおエンゼルスは敗れました」と、決まり文句のように試合結果を付け加えることを指す。大谷という傑出した選手を擁しながら、今年もプレーオフ進出を逃した不甲斐ないエンゼルスに対する皮肉が込められている。

その「なおエ」の米国版と言っていいのが、今回のフレーズだ。「Tungsten Arm O'Doyle」は直訳すると、「鉄より硬いタングステンの腕をもつオドイル」。大谷とトラウトが活躍しながらエンゼルスが敗れた際に、米メディアが使うようになった。

この言葉の発端になったのは、カナダ在住のファンのX（旧ツイッター）だ。エンゼルスの敗戦後、彼はこう呟いた。

「トラウトが3本塁打を放って打率を.528に上げ、ショウヘイ・オオタニがアクロン・グルームズメン（仮想のチーム名）に所属した"タングステン・アーム・オドイル"（架空の投手名）が1921年に成し遂げて以来の記録を達成しながら、試合はタイガースがエンゼルスに8－3で勝利した」

その試合でトラウトが1試合3本塁打を放った記録はなく、打率が.528に上昇したこともない。すべてが架空のオチョクリ話だ。今季（22年）6月21日の対ロイヤルズ戦。3番・DHで出場した大谷が2本塁打を含む4打数3安打8打点と大爆発しながら、エンゼルスが延長戦の末に11－12で敗れると、米メディアはこぞって「Tungsten game」（タングステン・ゲーム）というフレーズを使った。「虚しいゲーム」「残念なゲーム」と解釈できる。エンゼルスファンとしては屈辱的なフレーズに違いない。　　（22年12月28日）

（NBAの八村塁選手と）

「Shopping price」

大谷の購入価格

モンスター級の契約

今季中にFA権を取得する大谷の去就をめぐって年末年始、激しい報道合戦が繰り広げられている。「ニューヨーク・ポスト」紙のジョー・ヘイマン記者は特集記事で、まず「Ohtani has never been about money」(オオタニは金に無頓着だった)と指摘。そして、「It's time for him to be paid his true value」(今こそオオタニが自分の真の価値に見合う収入を得るべき時期がきた)と書いた。「オオタニよ、自分らしい声をあげよ！」と激励しているように見える。

同記者は大谷以外の9人の代理人を取材して彼の「shopping price」(購入価格)を予想している。普通、"shopping"とは物品を購入する時に使う言葉だが、人間に値札を付けるビジネスライクな米社会を反映している。

匿名(anonymity)で取材に応じた9人の代理人は全員が「マイク・トラウト」(12年契約で総額4億2650万ドル)や「アーロン・ジャッジ」(ヤンキースと年間4000万ドルで契約)を越えていた。回答には「4億7500万ドルから5億2500万ドルで13年契約」「年5000万ドルの11年契約で合計5億5000万ドル」などと誰もがモンスター級の契約を予想している。

他のメディアは「各チームがオオタニ取りのために仁義なき戦い(pillaging)を繰り広げる可能性がある」と警告している。"pillaging"とは"pillage"(動詞)の現在分詞で、「(戦争時の)略奪する」を意味する。

(23年1月6日)

「Good people with good pedigree」
大谷は血統書付き選手

大谷代理人のポリシー

「私が契約する相手はすべてよき人々であり、よき血統を持っていなければならない」(They have to be good people, with good pedigree)

そう語るのは、大谷翔平の代理人であるネズ・バレロ氏だ。

同氏は大谷の去就に関して、「just wait and see」(ただ待って、様子をみよう)という立場を崩していない。エンゼルスの新しいオーナー次第というわけだ。同氏は2018年、カリフォルニア州で発売されるリゾート雑誌(PERICAN HILL)の取材で「代理人の役割」について、次のように答えている。「私は彼ら(選手)のmentorになりたい。私は彼らの人生にインパクト(影響)を与えたい」

"mentor"とは「相談相手」「よき指導者」「恩人」のことだ。

次に「代理人としてどんな選手を評価するのか?」との質問に対して答えたのが今回のフレーズだ。

"pedigree"とは「家柄」「血筋」「血統」のこと。「動物の血統書」の意味もある。実力があっても、人間性がよくなければ相手にしないと言っているようだ。大谷の代理人になった時にも、家族関係や両親の人柄なども調査したのだろう。

同氏は若い頃、シアトル・マリナーズのマイナーリーグに所属していた。シーズンオフにアルバイト先の工事現場で転落事故に遭って重傷を負い、プロ選手の道を諦め、06年に大手代理人事務所のCAAに加入した。これまで8人の新人王、3人のサイ・ヤング賞投手、5人のMVP選手を生み出し、米経済誌MONEY INC(21年)によれば、同氏の2020年度の手数料収入は約1450万ドル(約19億円)。 (23年1月13日)

LESSON **41**

「He is into it」
彼は熱が入っているよ

"into"には「熱中する」の意味も

大谷翔平は23年1月14日、休養中の日本からカリフォルニアに戻った。

ロス上空の機内から撮影したダウンタウンの風景をインスタグラムにアップすると、その中にロサンゼルス・ドジャースの本拠地ドジャー・スタジアムが写されていただけで、ファンらは「welcome Shohei!」と入団が決まったようなフィーバーぶりとなった。

3月に開幕するWBCの侍ジャパンメンバー入りが正式発表された記者会見後は、二刀流出場か？ リリーフ起用か？ あるいは打順をめぐる臆測（speculation）も流れるなど、日本滞在中も気が休まることはなかったのではないか。

エンゼルスのペリー・ミナシアンGMが、そんな日本滞在中の大谷とのやり取りを明かしている。それが今回のフレーズだ。

同GMは昨年10月以降、帰国中の大谷と毎日のように連絡（contact）をとっていたとし、「He is into it」（彼は交渉に熱が入っているよ）と明かしている。

"into"は「〜の中に」という意味だが、「熱中している」「熱心な状態」を表現し、「He's really into porsche」（彼はポルシェに夢中だ）などと使う。

（23年1月18日）

「The writings on the wall」
不吉な予兆

旧約聖書に由来する故事

直訳すると、「壁に書かれた文字」。これは旧約聖書（ダニエル書第5章）の故事に由来する言葉で、「不吉な予兆」を意味する。

古代の傲慢なバビロンの王が宴を開いている最中、巨大な男の手が現れて宮殿の壁に王に対する警告文を書いた。恐れおののいた王は、やがて死に、王国も滅亡したという話で、「良くないことが起きる」という状況を表現する。

大谷報道でこのフレーズを引用したのは、米「sporting news」のライアン・フェイガン記者。22年10月18日の帰国会見で、大谷が2022年シーズンを振り返り、こうコメントしたのがキッカケだ。

「14連敗も含めてなかなか思うようなゲームができていなかった。あまり良くない印象の方が強いかなと思います」

日本語でそう答えた大谷の言葉を、一部米メディアが「I have a rather negative impression of this season」（むしろ今季はネガティブな印象の方が大きい）と英訳して報道。これが切り取られる形で、「大谷がチーム批判」とSNSなどで一人歩きした。

フェイガン記者はこうも書いている。「大谷は2024年にはエンゼルスから離れる。チームの敗北は米球界の最高の選手（オオタニ）に重荷になっている」（All the losing is weighing on baseball's best player）と断定する。

"weighing"は"weigh"（重さをはかる）の現在分詞で、「負担となる」「重くのしかかる」の意味。「ファンは大谷を愛しており、今季1年間、彼を球団に縛り付けたあとで放出するのはファンへの裏切り（a slap in the face）だ」と続けた。「a slap in the face」は「顔をビンタする」「拒絶」の意味である。　　　　　（23年1月25日）

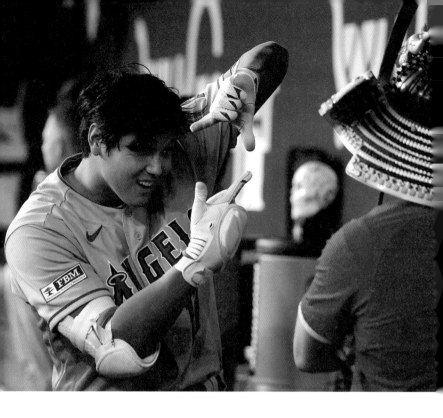

LESSON **43**

「**Hard feelings**」
（大谷の）こだわり

地方都市で自由にプレーしたい

23年1月14日付の「ニューヨーク・ポスト」紙でMLB担当のジョン・ヘイマン記者が、「大谷はニューヨーク・メッツ（への移籍）が有力」と書いている。 その中に、気になるフレーズがあった。「hard feelings」。これは、「悪感情」や「こだわり」「心にひっかかるもの」などを意味し、「no hard feeling?」といえば「悪く思わないでくれよ?」となるが、ここでは「こだわり」と読む。今季中にFA権を取得する移籍問題に関し、「大谷のこだわり」に言及している。

メッツへの移籍を有力とする同記者は、「問題は大谷がニューヨークに行く気持ちがあるかどうかだ。5年前、（ニューヨークの）ある球団幹部が大谷に来る意思を聞くと、はっきりと（flat out）、ニューヨークには行きたくない（Ohtani didn't want to come here）と即座に断った。好意的な申し入れをすげなく断った（rebuffing）理由には大谷自身のhard feelingsがあった。大谷は『ニューヨークは野球だけでなく、あらゆる分野で世界の中心だ』と聞かされた」と指摘する。

大谷は自分が目指す二刀流を実現するには、世界一厳しいメディアが棲息（せいそく）するニューヨークではなく、地方都市で自由にプレーしたいという「こだわり」があったと分析している。

スタンディング・オベーション（standing ovation）とブーイング（booing）が混在するのが球場（ball park）だ。

（23年1月27日）

LESSON **44**

「He got him」
三振に仕留めた！

江夏豊が覚えていた英語

直訳すると、「彼は彼を手に入れた」とヘンテコな表現だが、最初のheは大谷のこと。後のhimは相手打者のことで、シーズン中に大谷翔平が三振を奪った時にアナウンサーが幾度となく、叫んだフレーズだ。「Got him」と叫ぶこともある。

「got him」は過去形で「get him」が現在形。「彼を捕まえろ！」「やっつけろ！」「見つけたぞ！」の意味もある。「You got that!」といえば、「わかったか！」。

"got"で思い出すのが江夏豊投手だ。1985年、西武ライオンズを退団して、米国アリゾナ州サンシティで行われたミルウォーキー・ブルワーズの入団テストを取材した時のこと。グラウンドで江夏に、「覚えている英語はありますか？」と聞くと、ぶっきらぼうに「I got it（俺が捕る）とtake it（お前が捕ってくれ）の2つだ」とまぶしい空を見ながら答えてくれた。

宿泊先のモーテルの部屋を訪ねると、窓際にたくさんのカセットテープが並べられていて、海援隊の「思えば遠くへ来たもんだ」が流れていた。

野茂英雄の大リーグ入りが95年。トルネードが全米を席巻する10年前のことになる。

日本が誇る左腕に球団側はマイナー契約を提示したが、江夏はマイナーからのスタートはきついと帰国した。大リーグに在籍した日本人の中に「江夏豊」の名前はない。最初に大リーガーになった日本人は64年から65年までサンフランシスコ・ジャイアンツに在籍した投手・村上雅則である。

（23年2月1日）

LESSON **45**

「Sudden about-face」
突然の方針転換

大谷が稼ぎ出した額

エンゼルスのアルトゥーロ・モレノオーナーが球団売却話を白紙に戻すと表明した際に、米メディアが使ったフレーズだ。23年1月26日付の「ニューヨーク・ポスト」紙は、「エンゼルスはオーナーの方針転換で大谷を保持する可能性を高めた」(Angels face much taller odds to retain Shohei Ohtani after owner's about-face) と報じた。「about-face」とは「完全な転換」。くだけた表現だと「回れ右！」ということ。"about"は「だいたい」「〜に関して」という意味だが、その次の"face"には「向きを変更する」「人に背をむける」といった意味がある。

モレノオーナーは大谷に関するコメントには応じていないが、球団スポークスマンは「まだ未完の仕事 (unfinished business) が残っている」と再選出馬を表明したトランプ前大統領と全く同じフレーズを使っている。

「ニューヨーク・ポスト」紙によれば、「エンゼルスには買収金額が24億ドルから30億ドルの線で複数チームからオファーが殺到しており、オーナーは非常に儲かる (profitable) 優良資産 (hot property) であることを確信した」と書いている。同紙はさらに「エンゼルスはスポンサー料、看板料のほか、チケット料、テレビ収入など大谷が生み出した巨額の内部情報を外部に明らかにしていない。ある情報筋は、エンゼルスのために大谷が稼ぎ出した金額については具体的には答えず、"It's a ton"（莫大な額）とだけ表現している」と大谷に同情的だ。「a ton」とは、重量を表す「1t（トン）」のほか、数字で表すことができない「大きな」「大量の」という意味でも使われる。　　　　　　　　　　　　（23年2月3日）

「Gets Angels on the board」

エンゼルスを勢いづかせる

「男らしさ」を意味するイディオム

22年、エンゼルスの球団公式ツイッター（現X）が発信したフレーズだ。

「Shohei single gets Angels on the board.」

大谷翔平の安打がエンゼルスを勢いづかせた、とするつぶやきで、「get him on the board」には「彼を元気にさせる」「勢いに乗せる」「調子づかせる」「高揚させる」という意味がある。

単語としての"board"は「板」とか「黒板」だが、「surf board」（サーフボード）をイメージすれば、「on the board」は意気揚々と板の上に乗っている様が思い浮かぶのではないか。

飛行機や船などに乗った際に、乗務員が「welcome on board」（ご搭乗ありがとうございます）とアナウンスするように、「get on board」は「搭乗する」「乗船する」を意味するのが普通だ。アメリカのバーでは、こんな会話を耳にすることがある。

「Are you on board?」（この話に乗るかい？）

「No, I am not on board」（いや、オレは乗らないよ）

余談だが、「on the board」は「まな板の上の鯉」の英訳でも使われ、「A carp on the chopping (cutting) board」となるものの、本来の意味である「覚悟を決めた男らしさ」といったニュアンスは伝わりにくい。

この場合には「face the music」を使う。海外ドラマなどでもよく使われる表現で、「潔く責任を取る」「現実を受け入れる」という意味だ。由来には諸説あり、軍の規律違反を犯した兵士が処罰を受ける際に流された軍隊のバンド音楽だったとも。覚悟を決めた時の音楽とはどういうものなのだろうか。 （23年2月8日）

LESSON 47

「There's no way」

そんなこと、あり得ない

大谷の謙遜に驚愕したマイク・トラウト

23年3月のWBCには、アメリカ代表の主将としてマイク・トラウトが参加する。言わずと知れた、メジャーきっての強打者で、大谷のエンゼルスのチームメイトである。今回は、そのトラウトが発したフレーズだ。昨季のロッカールームでのこと。WBCについて話をしていると、大谷がトラウトにこう言ったという。

「I am not the best player on the Japanese team」（自分は日本チームの中で最高の選手ではない）

そのときのトラウトの反応が、「There's no way」（そんなこと、あり得ない）だった。前人未到の二刀流選手としてメジャーの記録を次々に塗り替え、2021年にはア・リーグのMVPに輝いた大谷を米国一、つまり、世界一のプレーヤーだと確信しているトラウトは、大谷の言葉を真に受けない。

「There's no way」は例えば、職場の同僚同士が極秘で電撃的に結婚したことを知った時にも叫んだりする。直訳すると「道がない」となるが、米国では「マジで!?」「まさか、ありえない」という意味で頻繁に使われるフレーズだ。トラウトいわく、「I get a front row seat every time he pitches when he's with us」（私はショウヘイをいつもベンチの一番前に座って見ている）。要は、「常に大谷のプレーを最も間近で見ている」と自負するトラウトは、自分が誰よりも大谷の凄さを知っている、と言いたいのだろう。

トラウトのアメリカ代表と大谷の日本代表は、ともにWBCで優勝の最有力候補に挙げられている。トラウトは「it's pretty nasty」（ショウヘイを敵に回すのはやっかいだ）と語っている。

（23年2月10日）

LESSON 48

「The relationship is outstanding」
我々の関係は格別だ

誰にも理解できない大谷との絆

エンゼルスのペリー・ミナシアンGMが大谷がWBCに参加する際、プレー（二刀流）に規制（restriction）を与えないこと、23年2月末にCACTUS LEAGUEと呼ばれるオープン戦に1度だけ出場後、3月1日、日本に向かうと表明した。その際、メディアに付け加えたのがこのフレーズだ。

「The relationship is outstanding」（我々の関係は格別だ）

GMは大谷とエンゼルスの間には誰にも理解できない関係があると強調したかったようだ。outstandingとは、ずば抜けた、（実力など が）屈指の、並外れた、突出した、ことを意味する。

GMはもう1つ、別の「a strong relationship」という言葉も使っている。このフレーズを読むと「我々（両者）には強い絆がある」と理解できる。他方、貸付残高や負債高が非常に高い時にもoutstanding amount（とてつもない金額）を使う場合もある。

ミナシアンGMはスプリングトレーニング前のチームの補強状態に胸を張って説明した。タイラー・アンダーソン、カルロス・エステベスなど複数の投手陣を含めて総額2億600万ドルと昨年より約2600万ドル多くの補強費用（payroll）を使ったという。同GMは「アルトゥーロ・モレノオーナーは大谷とのできるだけ長期の契約更新（long term deal）を望んでいるが、最終的には大谷の決断にかかっている（It'll ultimately be up to Ohtani）」ともコメントしている。

（23年2月11日）

LESSON 49

「2023 is his best yet」

大谷は進化を続ける

大谷にとっての最高の瞬間

「大谷はまだまだ進化する」と23年1月31日付の「Bleacher Report」が書いている。そのフレーズが「Ohtani's 2023 season is his best yet」だ。「大谷の2023年は過去最高のシーズンになるだろう。しかし、大谷は今後も進化を続ける」という内容だ。

書いたのはザカリー・ライマー記者。"yet"は「さらに」「もっと」「未だに」という意味。「Best wine yet」といえば「これまで飲んだワインの中で最高」となる。「現段階で」という但し書き付きだ。「not yet」は「まだダメ」とアイスクリームを口にしたい子供に対して言ってもよいセリフだ。「yet to come」と言えば、「まだこれから」「（良いことが）これから訪れる」。

韓国の世界的ボーイズグループ、BTSの楽曲にも「Yet To Come (The Most Beautiful Moment)」というものがある。「過ぎた日々は本当に最高だったが、僕たちの最高の瞬間はこれから訪れる」と歌う彼らの人気曲だ。

前出のライマー記者は大谷がMVPを獲得した2021年シーズンを振り返り、「大谷は過去5年間、大リーグで成長を続けている。21年にはMLB史上最高の二刀流プレーヤーとして花が咲き（blossomed）、史上19人目となる満場一致でMVPに選出された。だが、22年はその21年よりもさらに良い年（even better）になった」と書く。まさに、BTSの楽曲そのものだ。

大谷にとっての最高の瞬間は、これから毎年のように訪れる。

（23年2月15日）

LESSON **50**

「He's one of a kind」

大谷は唯一無二の男

モレノ氏が語った最大限の賛辞

23年2月8日に開かれたオーナー会議に出席したエンゼルスのアルトゥーロ・モレノ氏が球団売却撤回後、初めて大谷に関して口にしたフレーズだ。「He's one of a kind」(大谷は唯一無二の男)と言った後、続けて、「偉大な男、明らかに世界で最も人気のある野球プレーヤー、偉大なチームメイト、彼はとても仕事をしてくれる(he works hard)、面白い男(funny guy)、彼はファンと心が通じている(he has a good rapport with fans)」などと最大限の賛辞を繰り返した。

one-of-a-kindはネイティブがよく使う独特のフレーズで、比類のない、唯一無二の、オンリーワンの存在、を意味する。例えばone-of-a-kind tripは「誰にも味わうことができない素晴らしい旅行」。kindという単語は親切な、優しい、種類、と複数の意味があるが、kind of となると、「一種の」「〜のような」「いわば」「いくぶん」「少し」「どちらかと言えば」と多くのニュアンスがある。友人と食後、「do you like this meal?」(この食事はどうだった?)と聞かれて、「まあね。悪くはなかった」という時に「kind of..., not bad」というフレーズが使われることが多い。大満足の食事ではなかった時の表現だ。

モレノ氏は「大谷は我々がやっていることと適合している(He fits in well with what we do)。我々の仕事はエンターテインメント・ビジネスであり、ファンが球場で楽しんでくれるのが一番」という。

(23年2月15日)

LESSON 51

「Fighting for chance to face Ohtani」
大谷を見たくて代表争いをする豪州選手

豪州での「大谷フィーバー」

23年3月9日に開幕したWBCの1次リーグで日本と対戦する豪州でも、「大谷フィーバー」が起こっていた。豪州ABC放送は、「Australians fighting for chance to face Ohtani」と、豪州の選手たちが大谷翔平と対決するために代表選出を競っている、と報じている。

名詞としての"face"はご存じのように、「顔」や「表面」。そのほかにも、様々な意味を持つ英単語で「顔つき」や「メンツ」としても使われる。「lose face」と言えば、「メンツを失う」ということになる。

動詞の"face"は、「受け入れる」「対峙（たいじ）する」「向かい合う」「直面する」「（ある方向へ）進路を変える」となり、今回のフレーズ「fighting for chance to face Ohtani」はこれに当たる。

豪州代表に選ばれた捕手のアレックス・ホールは、「オオタニを直接見るだけでクレージーな経験だ」と興奮気味で、"face"を用いて、「to face him would be even better」（彼と対決できることになれば、なおさら素晴らしい）と対戦を心待ちにしている。

豪州代表選手には現地のプロリーグで活躍する傍ら（かたわ）、別に仕事を持っている選手も多い。主将のティム・ケネリーは、前回の2017年大会の際には「プロ野球選手」と「消防士」の二足の草鞋（わらじ）を履（は）いていることが話題になった。そのケネリーも、「オオタニに会えるのは一生に一度（once-in-a-lifetime opportunity）の機会」「結果など問題ではない」（no matter the result）と勝負は二の次といわんばかりのコメントをしているが、果たして。

（23年2月18日）

LESSON **52**

「Down to earth person」
ざっくばらんな男

大谷の人柄を表現するフレーズ

大谷の人柄を表現する際、今回のフレーズが使われることが多い。辞書では「素朴な男」と訳されるが、「ざっくばらんな男」「飾らない人」「くだけた男」という表現がふさわしい。

「down to earth person」は直訳すると「地に足をつけた人物」となるが、落ち着いていて、誠実な人物を意味するスラングである。一緒にいて居心地がよい、という意味もある。筆者は往年の米国の人気ドラマ「刑事コロンボ」の主人公を演じたピーター・フォークが頭に浮かぶ。職場にこんな人間がいれば楽しそうだ。反対語は「浮ついた、軽い男」。日本語では「チャラ男」とも呼ばれるようだが、英語では"frivolous"(浮ついた、へらへらした)、"arrogant"(傲慢な)、"highhat"(人を見下す、威張った、気取り屋)、"airy-fairy"(軽薄な、はかない、空気のような)、"high-and-mighty"(偉そうな、横柄な。皮肉をこめてお偉方を意味する)など、表現も多い。すべて、大谷のイメージとは正反対だ。

2016年に日本ハムで大谷と一緒にプレーした右腕投手、アンソニー・バースも、大谷を「down to earth person」と表現している。

「当時の日本でもオオタニはスーパースターでありながら、その立場を離れて、チームメイトと仲良くする能力が非常に印象に残った。彼は本当にざっくばらんで飾らない男だ(down to earth person)。オオタニのことを悪く言う(speak ill of him)人間はいない。皆、オオタニのことを応援したくなる」

(23年2月22日)

LESSON 53

「Now it's our turn」

今度は我々の出番

大型補強に成功し、自信満々

エンゼルスのフィル・ネビン監督は23年2月、スプリングトレーニング直前、今シーズンを展望して、楽観的なフレーズを口にした。

「Now it's our turn」

今度は我々の出番だ、と自信ありげに言ったのだ。

別のフレーズを使うとすれば「time has come」（時節到来）とでも言おうか。"turn"という単語には「回転させる」「曲がる」といった動詞のほか、「順番」という名詞もある。「私の番です」は「my turn」と言えば済む。

他にも様々な使い方がある。例えば「turn down」は「断る」「（裁判などで）棄却する」。「turn out」は「（犯人やある事実）が判明する」「身支度する」、「turn out a book」は「本を作る（書く）」、「I will turn 40 next week」といえば「来週、私は40歳になる」。宝くじを買うために列に並んでいる時に割り込もうとする輩には、「Be turn!」（順番に並んでよ！）と声をかけてもよい。いろいろな使い道がある単語だ。

カラオケに行って、同僚に「次は君の番だよ」と声をかける場合には「It's your turn」と言ってマイクを渡す。

ネビン監督が「今季は我々の出番」と自信を示しているのは、昨季ロサンゼルス・ドジャースで15勝を挙げた左腕のタイラー・アンダーソンら、大型補強に成功したからだ。

「シーズンに入ったら大騒ぎになるだろう」とも言う。それは"arsenal"と呼ばれる選手層の厚さを根拠にしている。"arsenal"とは「倉庫」「武器庫」「宝庫」で、野球で言うと、投手の持ち球の多さや豊富な選手層の厚さを意味する。　　　（23年2月24日）

「Win baby, just win」

ただ勝つのみだ、ベイビー

記者たちに漏らしたトラウトの本音

23年春のスプリングトレーニングが行われているアリゾナ州テンピで、マイク・トラウトが親しい記者らと15分ほど立ち話をした。その中身のほとんどが、「シーズンをかけて、大谷残留を説得すること」だった。そのトラウトの決意がこのフレーズだ。「Win baby, just win」（ただ勝つのみだ、ベイビー）

ベイビー（baby）は一般的には赤ちゃんを意味するが、他にもカワイ子ちゃん、宝物のほか、責任、役目、年少者を指す場合もある。恋人や親しい間柄の相手にも使う。It is your baby はそれはあなたの役目（仕事）ですよ、の意味。baby sizeは小型サイズを意味する。親しい記者たちを相手に自分の内心を表したようだ。トラウトはWBC米国チームの主将だが、今回のフレーズはWBCで勝ちまくると言っているのではない。開幕戦から勝ちまくって「ショウヘイをエンゼルスにとどまらせる」という意味で使っている。トラウトは「ショウヘイをエンゼルスにとどまらせるためには何でもする」（I'm going to do everything I can to keep Shohei here for sure）。

トラウトは大谷と一緒にプレーするようになって6年になるが、1度もプレーオフに進出していない。「負けるというのは最低だ（it sucks losing）。もしエンゼルスがプレーオフに進まなければならない年があるとすれば、今年だ（If there's any year we need to get to the playoffs, it's this year.）。大谷はエンゼルスのくつろいだ（the laid-back）環境を楽しんでいる。私も30代だ。プレーオフに進むには今しかない（I'm in my 30s now, so it's time.）」

（23年2月24日）

「Insane contract」

正気の沙汰でない契約

大谷の「信じられないシーン」

23年1月末、米ニュースサイト「NJ.com」がこんな見出しの記事を書いていた。見出しは、「Angels' Shohei Ohtani could be Big Apple bound on 'insane' contract」。直訳すると、「エンゼルスの大谷翔平が、正気の沙汰ではない契約でニューヨークに行くか」となる。"Big Apple"は「ニューヨーク市」の愛称。見出しにある"insane"とは、「非常識」「頭がおかしい」「馬鹿げた」「常軌を逸した」「正気とは思えない」などなど否定的な意味がわんさかある。"crazy""stupid""foolish""ridiculous"と同じような意味を持つ。

冒頭の記事はこう書いている。今季中にFA権を取得する大谷に関し、「ニューヨーク・メッツは大谷に対して、スポーツ史上最高額の条件を提示するだろう。そのオファーはinsane（正気の沙汰でない）なものだ」。

"insane"は、2021年5月の全国紙「USA TODAY」の記事の見出しにもあった。「大谷のinsane seasonは他のスポーツ選手を吹き飛ばしている」

その時点で大谷は14本塁打とハイペースで本塁打を量産していた。この場合の"insane"は「信じられない」という意味。このように、ポジティブな表現でも使われ、米国人の日常会話では「That's insane!」「That's crazy!」とのスラングが頻繁に出てくる。「すごい！」「あり得ない！」、日本的に言えば「ヤバい！」だ。クリスマスセールのシーズンでは、米国の百貨店に「insane price!」の張り紙がされる。「価格破壊！」と謳い、客の購買欲を煽っている。 （23年3月1日）

「Ohtani's subtle habit」

大谷のいわく言い難い習性

ゴミを拾うのがいつもの日課

米国ではWBCよりもシーズン開幕戦を楽しみにしている地元ファンも多い。エンゼルスのファンの間では早くも、今季も「本拠地アナハイムのスタジアムで大谷翔平の"subtle habit"を見るのが楽しみ！」という声が挙がっている。

subtle habitは「いわく言い難い習性」のことで、大谷がしばしばグラウンドで見せる「ゴミ拾い」(pick up trash) のことを指す。"subtle"とは「微妙な」「いわく言い難い」「不思議な」「何ともとらえにくい」といった意味。"habit"は「癖」「習性」「気質」だ。「bad habit」と言えば、「悪い癖」。「chewing a nail is bad habit」は「爪を嚙むのは悪い癖」である。

「ショウヘイはダグアウトをパトロールして、ゴミを拾うのがいつもの日課だ」(Shohei Ohtani patrols the LA Angels' dugout and picks up trash on a regular basis)

本人は「ゴミのパトロール」をしているつもりはないだろうが、実際にエンゼルスの試合中継を見ていると、打席に向かう大谷をダグアウトを出た瞬間からカメラが追っているシーンをよく見かける。途中でゴミを見つけた大谷が、それを拾ってポケットに入れる——そんな大谷の「習性」「気質」を捉えようと、カメラマンが決定的瞬間を狙っているのだ。

「何人の野球選手がスタジアムやグラウンドで働く人々のことを配慮しているだろうか」とはファンのブログである。

エンゼルスのファンが大谷を手離したくないとする理由はこんなところにもある。

（23年3月3日）

「Wasn't expecting this curveball」
予想もしなかったカーブボール

米国大使館への電撃訪問

WBC参加のため、23年3月1日夜（日本時間）にチャーター機で米国から帰国した大谷翔平は3日、電撃的に東京の米国大使館を訪れ、ラーム・エマニュエル駐日大使と面会した。その直後に同大使がツイッター（現X）に投稿したのが今回のフレーズだ。

「Wasn't expecting this curveball」

驚きを表現するときに使う「wasn't expecting」は「予想もしなかった」「思ってもみなかった」「こんなはずじゃなかった」と、良い意味でも悪い意味でも使えるフレーズだ。

エマニュエル大使のツイッターには以下の言葉が続いていた。

「ショウタイムが米国大使館にやってきました。オオタニさんほど、日米の国民的娯楽（national pastime）を共有できる素晴らしい代表的人物はいません。彼は日米のゲームの歴史を変えました」（He's changed the history of the game in Japan and America）

大谷が大使館を訪れた目的は、いわゆる「表敬訪問」（courtesy call）だと思われるが、野球好きの米国人らしく大谷の電撃訪問を"curveball"（カーブボール）と表現するなど、米国側も大谷の「民間外交」（private diplomacy）に興奮している様子がわかる。

ファンも同様のようで、このツイッターのコメントには、「地球を探検するには生まれたのが遅すぎた。宇宙を探検するには生まれるのが早すぎた。しかし、ショウヘイのプレーを見るには丁度良いタイミングで生まれることができた」（Born too late to explore earth, born too early to explore space, but born just in time to watch Shohei play）などという反応も。

（23年3月9日）

LESSON 58

「The knee drop home run」
片膝ホームラン

人間技ではない！

大谷翔平が阪神タイガースとの強化試合（WBC tune up game）で衝撃的な片膝ホームランを打った際、米メディアが使ったフレーズだ。米メディアではこの日の2打席連続本塁打（two home runs in a row）を驚異の目で表現している。

「Shohei Ohtani dropped to one knee and hit a ball 420 feet」（大谷は片膝を落として、420フィートの本塁打を打った）。「knee drop」は「膝を落として」の意味。相手の体に曲げた膝を打ちつけるプロレス技の「ニードロップ」もここからきている。

米メディアの表現は様々で、「one knee」を用いた「Ohtani hits 420 foot homer from one knee」（大谷は一本膝で420フィートの本塁打を打った）との記事や、「kneeling home run」という表現も。いずれにしろ、片膝をつきながら打球をバックスクリーン右に放り込んだ一発は、「人間技ではない」というのが日米メディアの共通の反応だった。

WBC取材のために来日中の米メディア記者も本国に送る原稿の中で、大谷を意味する枕詞に「almighty」（全能の）の代わりに「Angel do-it-all star」（エンゼルスの万能のスター）というフレーズを使い始めている。「do-it-all」は「何でもできる」。

2021年、22年のMVP争いの際に米メディアが常套句のように使った、「This man is not human」（この男は人間ではない）という表現も、今回のWBC報道で再び登場。「異次元の世界」（different dimension）とか、「別世界の生き物」（otherworldly creature）などという様々なフレーズで、大谷を絶賛している。

（'23年3月11日）

「A tug of war」
栗山監督の"綱引き"

郵 便 は が き

1 0 1 - 0 0 0 3

東京都千代田区一ツ橋2−4−3
光文恒産ビル2F

（株）飛鳥新社　出版部　読者カード係行

フリガナ	性別　男・女
ご氏名	年齢　　歳

フリガナ
ご住所〒

TEL　　　　（　　　　）

お買い上げの書籍タイトル

ご職業　1.会社員　2.公務員　3.学生　4.自営業　5.教員　6.自由業
　　　　7.主婦　8.その他（　　　　　　　　　　　　　　）

お買い上げのショップ名　　　　　　　所在地

このたびは飛鳥新社の本をご購入いただきありがとうございます。
今後の出版物の参考にさせていただきますので、以下の質問にお答
え下さい。ご協力よろしくお願いいたします。

■この本を最初に何でお知りになりましたか
　1.新聞広告（　　　　　　　　　新聞）
　2.webサイトやSNSを見て（サイト名
　3.新聞・雑誌の紹介記事を読んで（紙・誌名
　4.TV・ラジオで　5.書店で実物を見て　6.知人にすすめられて
　7.その他（

■この本をお買い求めになった動機は何ですか
　1.テーマに興味があったので　2.タイトルに惹かれて
　3.装丁・帯に惹かれて　4.著者に惹かれて
　5.広告・書評に惹かれて　6.その他（

■本書へのご意見・ご感想をお聞かせ下さい

■いまあなたが興味を持たれているテーマや人物をお教え下さい

※あなたのご意見・ご感想を新聞・雑誌広告や小社ホームページ・SNS上で
1.掲載してもよい　2.掲載しては困る　3.匿名ならよい

ホームページURL https://www.asukashinsha.co.jp

エ軍との密かな駆け引き

中国とのWBC初戦に「3番・投手」のリアル二刀流で出場した大谷翔平だが、米メディアは開幕前から「a tug of war」というフレーズを使ってその起用法について書いていた。

「tug of war」は「綱引き」のことで、「主導権争い」とも訳される。二刀流の大谷を最大限に活用したい侍ジャパンの栗山英樹監督と、故障リスクを考えてメジャーのシーズン前にできるだけ消耗を防ぎたいエンゼルスとの間で、密かな駆け引きが繰り広げられていたという内容である。

"tug"は「努力」「(ぐっと) 引っ張る」という意味を持つ名詞と動詞。「tug boat」(タグボート) は「曳航船」、「tug kite」は「たこ揚げ」。「(いたずらした子供の耳を) 強く引っ張る」時には「tug at an ear」などと言ったりする。「(人の) 心の琴線に触れる」は「tug at someone's heartstring」と表現する。スーパーなどでの値引き競争を「tug-of-war」と表現することも。

(23年3月15日)

LESSON **60**

「The perfect baseball weapon」
野球を象徴する完璧な存在

"weapon"には「魅力」の意味も

米メディアsporting newsのジェイソン・フォースター記者が書いたフレーズだ。前段に「he's not just the best player on the planet」(彼はこの地球で最高の選手というだけではない) と少し大げさな表現があった。

"planet"は「星」「惑星」を意味するが、ここでは我々が大谷と共に住む「地球」のこと。"weapon"は「武器」とか「兵器」を意味する。「nuclear weapon」は「核兵器」。「dangerous weapon」とは「凶器」だが、"weapon"はそれとは別に比喩的に「強味」「強さ」「魅力」などを意味する。

例えば「good voice is her weapon」と言えば、「声の素晴らしさが彼女の強み (武器)」となる。米メディアが書いた「perfect baseball weapon」は、「野球を象徴する完璧な存在」とでも言おうか。

同記者はWBC初戦の中国戦での大谷を評し、「4回1安打5奪三振の無失点に抑え、打っても2安打で4度の出塁。熱狂的なハイファイブ (high-five、日本語でハイタッチ) とbutt slap (尻叩き) で、リスペクト (尊敬) を受ける価値がある」と書いた。

好プレーをした選手のお尻を軽く叩いて称える「butt slap」は、バスケットボールやバレーボールでもよく見られる。「you did good job!」(よくやった!) を態度で示す行為だ。

同記者は「オオタニはWBCに世界中から新しいファンを集めただけでなく、WBC大会を見せかけのエキジビションから本物のゲーム (truly big deal) に変身させることに寄与している」と評価した。 　　　　　　　　　　　　　　　　　　　　　　(23年3月17日)

LESSON **61**

「Poetry in motion」
私は大谷翔平にメロメロ

誰かを口説く時にも？

全米、いや全世界の大谷ファンが抱く感情を表すとこのフレーズが出てくる。正確には「Shohei is poetry in motion」。直訳すると、「翔平は動いている詩だ」となるが、恋する男性が女性を「生きている詩」と表現する米国英語のイディオムの1つだ。見てきれいなもの、眺めてきれいなものを意味する。

"poetry"は「詩」だけでなく、人の美しくて、優雅な動き（beautiful and elegant quality）を指す。俗な表現をすると、「私はあなたにメロメロ」となる。

このフレーズはWBCでの大谷の投打での活躍、さらに準々決勝のイタリア戦で見せたセーフティバントなどの頭脳的プレーを目の当たりにした米ファンのツイッター（現X）上にも「Ohtani is poetry in motion」との表現が散見される。この場合、「大谷は最高だ」とも訳せる。

実は「poetry in motion」は日本でも60年代半ばに大流行した歌の題名でもある。邦題は「ポエトリー」。伊東ゆかりが歌った。米国では歌手ジョニー・ティロットソンが放ったヒット曲の1つだった。女性を口説く時にも、「I love you」なんて陳腐な表現を使わずに、「You are poetry in motion」と言えば、相手はウットリするか、それともけげんな顔で、「あんた、なに言ってんの！」と言われるか。

（23年3月23日）

「Team chemistry is amazing」

日本の団結力は素晴らしい

日本チームに対する羨望

WBCで見事に優勝した侍ジャパンを、このようなフレーズで絶賛しているのは1次ラウンドで敗退した韓国メディアだ。母国代表を取材してきた「SPOTVnews」のコ・ユラ記者は、英文記事で「Team chemistry is amazing」と書いた。

直訳すると、日本チームの「団結力は素晴らしい」。"chemistry"は「化学」のほかに「相性」「結束力」「絆（きずな）」「ウマが合うこと」などさまざまな意味を持つ言葉だが、「個性の違う化学物質を混ぜた時に予想もしない不思議な作用を起こす」時にも使われる。

「they have good chemistry」と言えば、「彼らは（仕事でもプライベートでも）相性がよい」という意味となる。愛を確かめたい2人が「we have good chemistry」と互いに言ってもよい。

同記事は「ダルビッシュ有（ゆう）、大谷、日本人の母を持つラーズ・ヌートバーらメジャーリーガーが日本国内選手たちと深い絆を結び、強いチーム結束力（tremendous team chemistry）を作り出した。この力がチームにモーメンタム（勢い）を作り出した」と締められていた。侍ジャパンは宮崎合宿からダルビッシュが参加、焼肉店での決起集会（yakiniku rally）など、数度にわたる食事会を開催してチームのコミュニケーションをはかった。同記者は1次ラウンドの時点ですでに、「侍ジャパンはメジャーリーグ・グループと国内グループが行動を共にすればするほど、日本チームは魅力的になった」（the longer they spend together ,the more attractive the japanese national team will become）と書いていた。1次ラウンドで敗れ去った韓国チームの悔しさと日本チームに対する羨望（せんぼう）がにじんでいる。　　　　　　　　　　　　　　　　　（23年3月24日）

LESSON 63

「Throw away admiration」

(米国チームに)憧れるのをやめましょう!

大谷しか口にできない言葉

米国代表とのWBC決勝戦を前に、大谷翔平が侍ジャパンの仲間にこうゲキを飛ばした。

「憧れるのをやめましょう。憧れてしまったら、超えられないんで。僕らは、トップになるために来たので。今日一日だけは、彼らへの憧れを捨て、勝つことだけ考えていきましょう！」

これを英訳するとすれば、こうなる。

「If you admire them, you can't surpass them. We came here to surpass them, For one day, let's throw away our admiration for them. Just think about winning!」

マイク・トラウト（エンゼルス）やムーキー・ベッツ（ドジャース）らメジャーのスーパースターを擁した米国代表は「271億円打線」と称された。そんな豪華メンバーに飲み込まれていては、試合に勝てない。そこで、「let's throw away our admiration for them」（彼らへの憧れを捨てよう）と呼びかけたのだ。

"throw"は「投げる」、"away"は「離れて」を意味する単語だが、これを「throw away」とセットにすると、「捨てる」を意味する句動詞になる。「throw away trash」（ゴミを捨てる）と使うのが一般的だが、この句動詞の用例は幅広い。捨てるのは、ゴミなどの単なる物だけに限らず、時間やチャンスなどにも使用され、「throw away the chance」と言えば、「チャンスを棒に振る」、「that's like throwing money away」と言えば、「お金をドブに捨てるようなもの」となる。

米球界でもナンバーワン選手の評価を得る大谷翔平にしか口にできない言葉かもしれない。　　　　　　　　　　　（23年4月1日）

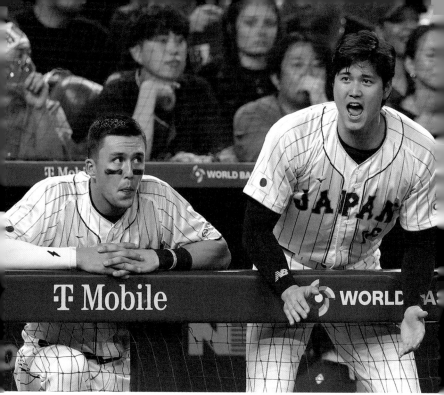

（ラーズ・ヌートバー選手とWBCで）

「Baseball kid」

野球小僧

大谷翔平が本領を発揮する瞬間

WBC準々決勝のイタリア戦。0−0で迎えた３回裏1死1塁で打席に立った大谷翔平は、その初球にセーフティバントを決めて場内を騒然とさせた。先制点を呼び込むまさかの奇襲に、試合後の栗山英樹監督が口にしたのがこのフレーズだ。

「この試合を絶対に勝ちにいくんだと、野球小僧になり切った時に彼の素晴らしさが出る」

小僧といえば男の子のことだが、「baseball kid」は野球好きの子供と解釈できる。"kid"とは男女に関係なく使われる言葉で、「子供」「若者」「青年」「ガキ」など、一般的に未成年を指す。青二才という意味でも使われる。子役は「kid actor」だ。

"child"は少し改まった時に使う言葉で、「hey kids!」とは言うが、「hey child!」とは言わない。1965年ごろ、米国でヒットしたスティーブ・マックイーン主演の「The Cincinnati Kid」はシンシナティから来た「男」を指している。

この"kid"に"ing"をつけたのが、"kidding"。日常会話で頻繁に出てくる単語で、「冗談を言う」「からかう」「ごまかす」の意味。

最もよく使われる表現のひとつが「Are you kidding me?」。「冗談でしょ？」「ウソだろ？」「まさか」と訳され、MLBの中継を見ていても、逆転サヨナラホームランを打った時などにアナウンサーが思わず口にするフレーズである。「just kidding」もネイティブがよく使う表現だ。メールやネットでは「jk」と略されて使用されるほど。「冗談だよ」「なあんてね」という意味で、「I won a lottery and became a billionaire! Just kidding!」（宝くじに当たって、金持ちになった！　なあんてね！）。　　（23年4月14日）

「**Battle for desire**」

欲望との闘い

筋肉増強のため1日に7食

大谷翔平の食生活、節制ぶりが話題だ。

大谷はインタビューでも幾度も「欲望との闘いです」(battle for desire) というフレーズを口にしている。"desire"は「欲望」「願望」。脱線するが、「性欲」は「sexual desire」と言う。「I desire you」は「私はあなたが欲しい」。いささか直接的な表現だ。

米スポーツサイト「write on sports」(WOS) が大谷の食生活に関する研究論文を掲載している。

同サイトによると、MLBでは1人の選手に1人の栄養士がつくのが一般的だが、大谷にはdietitian（登録栄養士）とnutritionist（栄養士）と2人の専門家がついているという。

カロリー計算や献立を担当し、米国でdietitianになるには国家試験の資格が必要。

WOSの論文にはこうある。

「当時の登録栄養士は、『He was very thin』（大谷は非常に痩せていた）と証言している。2018年、大谷はMLBに合流する直前、ダルビッシュらとともに自主トレーニングをしたが、この期間に20ポンド（約9キロ）のstraight muscle（骨格筋・横紋筋）と呼ばれる筋肉増量に成功した。大谷は1日に7食も食べていた」

1人の選手は試合中に1時間当たりで500キロカロリーを消費する (The average MLB player burns about 500 kilo calories an hour during a game)。

（23年4月21日）

「Obscene frisbee slider」

怪しいフリスビー・スライダー

UFOに譬えられる魔球

大谷翔平の「スイーパー」が旋風を巻き起こしている。

23年4月まで、投手として5試合に先発して3勝無敗。防御率はア・リーグ2位の0.64と圧巻の投球を続けているが、その投球の中心になっているのが鋭く大きく曲がるスライダーだ。

WBCの決勝戦で大谷がマイク・トラウトを空振り三振に仕留めたのもそうだった。「スイーパー」と呼ばれているが、米メディアは「obscene frisbee slider」とも表現している。直訳すると、「フリスビーのように空気を切る怪しいスライダー」となる。

"obscene"とは「猥褻な」「いかがわしい」「不快な」「怪しい」「汚らわしい」「エッチな」「イヤらしい」といった意味がある。

例えば「obscene telephone」といえば、「猥褻な電話」のことだ。

スイーパー（sweeper）の語源は"sweep"で、「掃除する」「一掃する」「さっと掃く」などの意。定義は曖昧で、「球速124キロ以上、横への曲がり幅が25センチ以上」との報道もあるが、大リーグ公式サイトによれば、大谷のそれは「平均球速136キロ、平均曲がり幅は約45.72センチ」とされ、メジャー平均を大きく上回る。実際に打者を「一掃」しており、そういう意味でもメジャーきっての「スイーパー」の使い手として認められている。

「Pitching Ninja」のニックネームで知られる、MLB公認の投球アナリスト、ロブ・フリードマン氏は、「彼のスライダーはUFO type stuff」（UFOに似たもの）と注目していた。"stuff"とは「代物」「ヤツ」のほかに「ナニ」「アレ」といった猥雑な意味もあるが、未確認飛行物体に譬えられるのだから、大谷の「スイーパー」は「魔球」と言っていいのではないか。　　　　　　　　（23年4月28日）

LESSON **67**

「Roller coaster game」

起伏の激しいゲーム

「ハラハラする」の面白い表現

米メディアが、「roller coaster game」(ローラーコースター試合)、「dramatic win」と大きな見出しで高く評価したのが、23年5月18日の対ボルティモア・オリオールズ戦だった。結果は6対5でエンゼルスの逆転勝利。起伏の激しい試合内容で、ファンにとってはハラハラ (nail biting game) の展開だった。nail bitingとは面白い表現だ。人間はハラハラする時には爪を噛む癖があるようだ。まず大谷が1回表に10号ソロ本塁打。さらにマイク・トラウトが3回表に10号目の2ラン本塁打を放ち、4回までにエンゼルスが3対0とリードした。5回裏オリオールズがアンソニー・サンタンダーの2ラン本塁打などで3点を挙げ、同点としてローラーコースターが始まった。

エ軍は6回表、ザック・ネトが2死後、流し打ち (hit to an opposite-field) の右翼前へのタイムリーヒット (RBI single) で1点リード。ネトは大谷と仲良しのデビッド・フレッチャー内野手のマイナー落ちの代わりに昇進したprospect (有望) 選手。ところが4対3で迎えた7回裏、エ軍投手クリス・デベンスキーがアドリー・ラッチマンに投げた内角への直球 (fastball on the inside corner) を引っ張り (yank)、右翼フェンス越えの2ラン本塁打で5対4で再びオリオールズがリード。yankとは思い切り引っ張るという動詞で、脱線すると米俗語では男性自身の自慰行為を指す。

その後も8回表、1死走者1、2塁で9番ジオ・ウルシェラのタイムリーで同点とした後、2死満塁で大谷が初球をファーストへのタイムリー内野安打で勝ち越し点 (go-ahead run) をあげた。ライアン・マウントキャッスル一塁手がダイビングキャッチで捕球したが、大谷が1塁ベースを踏むのが早かった。　　(23年5月21日)

「Haven't stepped outside the hotel」

ホテルから一歩も出ないよ

現地記者が仰天した節制ぶり

23年4月のニューヨーク・ヤンキース戦の試合後、大谷翔平が発したフレーズが話題になった。米メディアに囲まれ、「What do you like doing in New York when you're here?」(ニューヨークを楽しんでいる?)と聞かれた大谷が、こう答えたのだ

「I actually haven't stepped outside the hotel in New York, so I couldn't give you an answer.」(ニューヨークに遠征に来ても、ホテルと球場を往復するだけ。1歩も外出していないので、答えようがない)

ニューヨーカーの記者らはさぞかし、大谷の節制ぶりに驚いたことだろう。

「step outside」は「外出する」「外に出る」という意味だが、こんな時にも使われる。日本でケンカを売る際、「表へ出ろ!」との決まり文句があるが、米国でも「step outside」を使って、「Do you want to step outside?」と言えば、「やるか?　表へ出ろっ!」という意味になるのだ。

同じ文章で"step"を"go"に変えると、ぐっと穏やかな表現になるから面白い。

「Do you want to go outside?」

こう言えば、「外出しない?」「遊びに行かない?」となる。

米国メディアにとってもニューヨークは楽しみのひとつ。夜の誘惑もたっぷりある。ブロードウェイあり、42丁目のタイムズスクエア周辺にはあらゆる娯楽がある。食べ物もおいしい。

(23年5月22日)

LESSON 69

「Non-sexy stuff」
地味な仕事

「セクシー」のもうひとつの意味

22年夏、エンゼルス監督を電撃解任されたジョー・マドン氏が、自著「The Book of Joe」を発売し、そのプロモーションのためのトークショーで発言したフレーズ。マドン前監督は、エンゼルスのインフラ整備、つまり、チーム強化を訴えたあと、エンゼルスに必要なのは「non-sexy stuff that has to get better」と続けた。直訳すれば、「(チームを)改善するための地味な仕事」。大谷やマイク・トラウトらのスターだけに頼らず、総合的にチーム力を向上させる必要を力説したのだ。マドン前監督が"sexy"という単語を用いたことにビックリしたファンもいたかもしれないが、"sexy"には「色っぽい」「官能的」などとは別に、「ワクワクする」「胸がドキドキする」「人目を引く」という意味もある。「non-sexy」は逆に「色気がない」「ワクワクしない」「地味な」ということになる。余談だが、「sexy technology」は「セックスのテクニック(技術)」ではない。米国では「最先端技術」という意味となる。この"sexy"を嬉々として使った日本の政治家がいた。2019年9月、当時の小泉進次郎環境相がニューヨークの国連本部を訪問した際、「気候変動問題に取り組むことはきっとsexyでしょう」と発言。同行記者から「気象問題のどこがセクシーなのか?」と聞かれ、「その質問に答えることもセクシーでない」などとケムに巻いた。話を戻すと、マドン前監督は最後に「Angels would need to make a deep run in the playoffs」(エンゼルスは大谷残留のためにもプレーオフに向かって最大限努力する必要がある)とも述べた。「deep run」を意訳すると、「全力疾走」ということか。

(23年6月2日)

「Angels's sloppy defense」

工軍のズサンな守備

だらしない男の代名詞

大谷の一挙手一投足を報じている地元メディア「オレンジ・カウンティ・レジスター」もエンゼルスの不甲斐なさに堪忍袋の緒が切れたか。6月3日の対ヒューストン・アストロズ戦での拙守ぶりをフレッチャー記者は「sloppy defense」と口ぎたなく罵っている。

sloppyとは杜撰な、ズボラな、だらしない、グチャグチャな、ルーズな、しまらない、といった意味で、sloppy guyといえば、約束を守らない、ズボンのチャックが開いていることにも気が付かないようなだらしない男の代名詞。

この日の試合、4回裏の2度にわたる内野ゴロの処理を誤って (They misplay two ground balls in the fourth inning)、合計5得点を与えた結果、アストロズに9対6で負けた。大谷はサイクルヒットを再び逃している。

フレッチャー記者は「ピッチング、打撃、そして守備の全てが期待以下だ。特に守備面は一番、失望した。醜い試合 (ugly game) だった」。4回裏の守備については「nightmare」(悪夢) と表現。

フィル・ネビン監督は試合後、We shot ourselves in the foot (我々は自分の足を撃ってしまった) と語っている。悪い守備で自滅したという意味。

(23年6月5日)

「**Stay healthy**」
ケガをしないでくれ！

鈴木誠也へのアドバイス

米メディアやフィル・ネビン監督がMVPに一歩近くなった大谷に対して使うフレーズだ。直訳すると、「健康を維持する」となるが、その心は「ケガをしないでくれ！」というファンの叫びにもつながる。stayの意味は山ほどある。（そこに）とどまる、泊まる、滞在する、ある状態のままでいる、を意味する動詞・名詞。stay thereはそこにいろ！（動くな）。stay awayは離れて下さい、近寄るな、の他にも（会議や授業を）欠席する、という意味にも使われる。stay with me（私のそばにいて）と言えば、ちょっとした愛情表現にもなりそう。大谷が23年6月6日のシカゴ・カブス戦後、メディアから鈴木誠也について聞かれた時、「健康な状態で試合に出られるというのが一番嬉しい。誠也もここからケガなくシーズンを走りぬいてほしい（stay healthy）」とコメントしている。

このフレーズはニューヨーク・ヤンキースのアーロン・ジャッジがやはり23年6月3日のロサンゼルス・ドジャース戦で右翼への大飛球をスーパーキャッチした際に、右足親指打撲（bruise）と靭帯断裂（ligament tear）のケガを負いIL（injury list）入りしたこともあり、大谷にも他人事ではない。大谷自身はジャッジが1日も早くケガから復帰して堂々と勝負をしたいという気持ちだろう。大谷の心情を表すにはbring it onというフレーズが使えるかも。直訳すると「それをもって来い」だが、米スラングでは「かかって来い！」と相手を挑発する意味がある。2004年米大統領選で、民主党の大統領候補ジョン・ケリー氏（オバマ政権で国務長官）が共和党のブッシュ候補を相手に叫んだことでも有名になった。

（23年6月14日）

「We can't put anything past Ohtani」

大谷ならやりかねない

2度目のMVP受賞

今季（23年）も投打でタイトルを狙える成績を残している大谷翔平。米メディアの多くは早くも、「今季のMVPは確実」と予想している。エンゼルス専門メディア「Halos Today」のノア・カムラ記者もそのひとりだ。MVPとなれば、2021年に続く2度目の受賞だが、「We can't put anything past Ohtani」（大谷ならやりかねない）と書いている。

これを直訳すると、「大谷の前には何も置くことができない」とわかりにくいが、この表現はイディオム、つまり慣用句である。

肯定の意味でも、否定の意味でも使える。例えば、「I wouldn't put it past him（her）」は「彼（彼女）ならやりかねない」。最後に動詞を加えて、「I wouldn't put it past them to divorce」とすれば、「あの2人なら離婚しかねない」となる。

米スポーツサイトの「Bleacher report」のザッカリー・ライマー記者も、「大谷のMVP受賞は確実だ」と予想。このまま故障せずに良好な体調を維持すること（stay healthy）、投打でよい成績を残すこと、と補足していたが、その際に「better numbers on both sides of the ball」と面白い表現を使っていた。

「both sides of the ball」は「ボールの両側」という意味で、「投げるボールと打つボール」と読める。つまり、「二刀流」を表現したのだ。彼は大谷のスライダーを、「devastative slider」（破滅的なスライダー）と書いている。"devastative"とは、戦争などによってすべてが焼き尽くされた状態を表す際にも用いられる単語で、それだけ大谷の決め球に威力があるということだろう。

（23年6月16日）

「Pretty happy in California」

大谷はカリフォルニアで結構幸せだ

ジャッジも注目する大谷の去就

23年7月末のトレード期限を前に米メディアによる大谷の去就報道が過熱している。他球団選手がコメントを求められることも多く、米紙「ニューヨーク・ポスト」紙上で、本塁打王争いのライバル、アーロン・ジャッジがこう言っている。

「(He's) pretty happy in California」

正確には「I think he's pretty happy in california」と、フレーズの前に「I think」(私は思う)と前置きしているが、「大谷はカリフォルニアで結構、ハッピーなようだね」と言っているのだ。

"pretty"は「かわいい」「素敵な」という意味のほか、「そこそこの」というニュアンスも持つ。「very good」は「非常に良い」。これが「pretty good」となると、「そこそこ良い」を意味する。ジャッジが言った「pretty happy」も、こちらのニュアンスに近いだろう。

ジャッジは大谷とオールスターゲームでも顔を合わせているが、「彼のトレードが話題になったことはない」と答えている。続けて、「but you never know.FA is wild thing.anything can pop up」と答えている。

「しかし、こればかりは誰にもわからない。FAはとてもワイルドなもので、何が起きるかわからない」とコメントしている。

"Pop up"とはコンピュータ用語では、パソコンの画面上に突然現れる小画面のこと。予期しないことが起きるという意味だ。"wild"は「野生の」「ラフな」「粗暴な」「波乱万丈の」「突飛な」。ジャッジは「FAでは突飛なこと、何が起きるかわからない」と暗示しているわけだ。

(23年6月23日)

「He kept us at bay」
大谷は我々をよせつけなかった

2試合連続の完封勝利

23年6月20日から2日間、フリーウェイシリーズ（ドジャース対エンゼルス）ではドジャースの2試合連続の完封勝利に終わったが、その直後、ドジャースのデーブ・ロバーツ監督が口にしたフレーズだ。he kept us at bay（大谷は我々をよせつけなかった）。keep us at bay は米英会話のイディオム（慣用句）。

bayは本来、Tokyo bay（東京湾）のように港や湾を示す言葉で、直訳すると「港に食い止める」だが、そのココロは「大谷が我々の動きを止めた」「大谷は我々に付け入るスキを与えなかった」といったところだ。用語例としてはkeep panic at bayはパニック状態を抑える（食い止める）。妙齢の娘を持つ父親の心境としてはkeep boys at bay（娘に男たちを接近させない）というフレーズが使える。

この日、大谷は観客数4万4760人のなかで二刀流で出場、101球を投げ、77球のストライクをとり、12奪三振、1失点（フレディ・フリーマンによるソロ本塁打のみ）と好投したが、日本風に言うと「味方の援護なく」(Angels wasted one of Ohtani's best pitching performance)、2対0で敗れた。地元紙が使ったwasted はwasteの過去形で、（大谷の好投を）無駄にした、見殺しにしたという意味だ。waste boxはゴミ箱で、大谷の好投をゴミ箱に捨てたといまいましそうに伝えている。

大谷自身は試合後、"I felt the most comfortable on the mound this year."（投げ心地は今シーズン、ダントツで良かったかなと思います）と語っている。

（23年6月25日）

「God correspondence」
大谷の「神対応」

絶賛された大谷の「ファンサ」

大谷翔平の神対応（god correspondence）を示すエピソードを1つ。"correspondence"は「対応」「（手紙や心の）やりとり」「通信」「交流」といった意味で、"correspondent"は特派員のこと。

22年7月13日の本拠地アナハイムでのヒューストン・アストロズ戦、3-1と2点リードで迎えた6回裏の出来事だ。ネクストバッターズサークルに進んだ大谷。ネット裏の最前列に座っていた高齢男性が数メートル先の大谷に声をかけた。

隣には美しい女性が。男性はその彼女を指さしながら、「How about my daughter?」（どうだい、うちの娘は？）と言ったようだ。ここで、大谷が「らしい」反応を見せた。試合中にもかかわらず、その父娘2人に向かって、バットを抱えたまま満面の笑みをたたえ、無言でうなずいてみせたのだ。娘さんは恥ずかしそうに赤くなり、見ていたアナウンサーはとっさに、大谷のサービス精神を「god correspondence」と表現した。

MLB公式サイトの動画コーナー「Cut4」でも取り上げられ、父娘と大谷のやりとりを「Cute dad and daughter」（おちゃめな父親と娘さんだ）、「Wow……I envy」（ワォ、羨ましいね）、「Smile and god-friendly」（笑顔と神のような親しさが素晴らしい）、「Best player Shohei Ohtani will never forget the fan service」（ベストプレーヤーであるショウヘイ・オオタニはファンサービスを決して忘れていない）と絶賛した。

「god correspondence」が「神対応」なら、反対の「塩対応」は？スラングでは「cold shoulder」（冷たい反応、素っ気ない反応）と表現される。　　　　　　　　　　　　　　　　　　（23年6月30日）

「Travel 454 feet」

454フィートの旅

暗い闇のなかに消えた打球

23年7月2日、アリゾナ・ダイヤモンドバックス戦で大谷が31号本塁打を放った時に地元紙が描写したフレーズだ。この本塁打は大谷にとって今季最長の飛距離。5対2でエンゼルスが勝利。その模様を地元紙は「Ohtani's traveled 454 feet before it bounced into the darkness of a tunnel in the right field bleachers」(大谷の打球は454フィートの旅の末に、右翼の観客席にある通路〈tunnel〉の暗い闇のなかに消えた)と描写している。

ボールが飛んでいる様子をtravelと表現しているところが面白い。travelはご存じのように旅、旅行、移動を意味する。まるで大谷のボールが宇宙旅行してきたかのような表現だ。大谷のホームランボールをmoon shotと叫ぶアナウンサーもいる。

space travelは宇宙旅行。travelerは旅人のこと。travel agencyは旅行代理店。仕事を見つけるためにあちこちを歩くこともtravel という単語を使う。

旅を意味する言葉にはtrip、journey、tourなどがあるが、tripは遠足のような短い小旅行のこと。honeymoon tripは新婚旅行。journey man(旅人)は世界各地を回るプロゴルファーが自己紹介の時にI am a journey manと言ったりする。

(23年7月4日)

「Defy description」

筆舌に尽くし難い活躍

ついに使い始めた究極の表現

23年6月の大谷翔平の嵐のような活躍ぶりに、米メディアも表現する言葉がなくなったか。6月は27試合すべてに先発出場し、打者として打率.394、15本塁打、29打点、4盗塁。月間15本塁打は球団新記録にして日本人選手最多という爆発ぶりで、自身3度目の月間MVPに輝いた。

これまで、「amazing」（素晴らしい）、「he is not human」（人間技ではない）、「unreal」（現実とは思えない）、「otherworldly」（別世界の、異次元の）、「incredible」（信じられない）などの美辞麗句を駆使してきた米メディアの記者たちも、ついに「defy description」（筆舌に尽くし難い）という究極の表現を使い始めた。

地元紙の「オレンジ・カウンティ・レジスター」も記事の冒頭から「As Shohei Ohtani continues to defy description」（筆舌に尽くし難い活躍が続く大谷）という枕詞を使っていた。

"description"は「表現」「描写」「説明」「品種」「形容」といった意味があり、"defy"は「反抗する」「逆らう」「無視する」「挑戦する」といった動詞だ。メディアもお手上げ状態というわけである。

同じような表現に「beyond description」がある。例えば「His room is dirty beyond description」と言えば、「彼の部屋は言葉で言えないほど汚い」を意味する。「She is very beautiful beyond description」は「彼女は言葉で言えないほど美しい」となる。

6月の大谷の活躍は文字通り、言葉にならないほどでスタンドの観客からも「MVP! MVP!」の合唱が。大谷は観客席からMVPコールに対し、「It gives me a lot of motivation to do better」（頑張ろうというモチベーションを高めてくれる）とコメント。（23年7月7日）

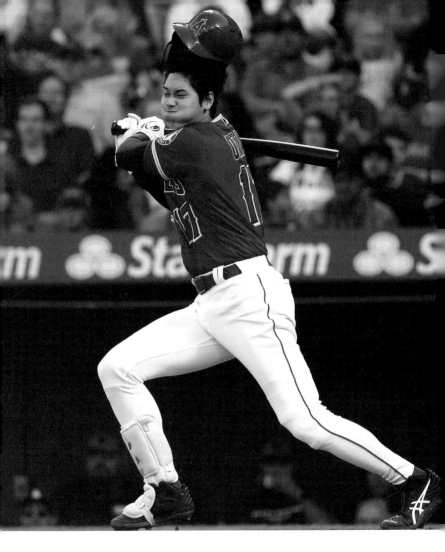

LESSON 78

「Field hospital」

野戦病院

目を覆いたくなる惨状

23年も失速し始めたエンゼルスの惨状を地元紙は、「an injury-ravaged lineup」（負傷者だらけのラインアップ）と書いている。"ravaged"は「荒廃した」「ボロボロの」を意味する形容詞。実際、マイク・トラウト、アンソニー・レンドン、ジオ・ウルシェラ、ローガン・オホッピー、ザック・ネト、ブランドン・ドゥルーリーらケガ人が続出。ファンでなくとも目を覆いたくなるありさまを米メディアは「field hospital」（野戦病院）と表現する。前半戦最後の20試合を6勝14敗で終えたエンゼルスは、ついに借金生活に突入。「I'm not going to use the injuries（as an excuse）」とは、フィル・ネビン監督のコメント。これを訳すと、「負傷者を言い訳に使いたくない」。文字通り、言い訳に終始するようになっている。選手からも精彩を欠くコメントが続く。リリーフ投手のジェイコブ・ウェブは、「frustrating」（フラストレーションがたまる）、「It's just irritating」（イライラする）と、後ろ向きの言葉を連発。見ているファンも同じだろう。

とはいえ、選手ももちろん、諦めたわけではない。エンゼルスナインは口々に「grinding」との言葉を発している。"grind"は「（コショウなどを）ひく」という意味だが、スラングでは「一所懸命に取り組む」「骨を折る」「努力する」などの意味がある。

WBCで日本代表選手として活躍したセントルイス・カージナルスのラーズ・ヌートバーのパフォーマンスが大きな話題になったが、ペッパーミル（ペッパーグラインダー）を両手でひねるあの動きも、「チームのために身を粉にして働く」という意味が込められている。

（23年7月14日）

LESSON **79**

「On the verge of meltdown」
崩壊寸前

エ軍がプレーオフに進出する可能性

マイク・トラウトの故障離脱直後、地元紙「オレンジ・カウンティ・レジスター」が使ったフレーズだ。

"meltdown"（メルトダウン）とは、科学用語で炉心溶融という原子炉の重大事故を指す言葉。2011年の東日本大震災の際、福島第一原発事故の報道で頻繁に登場した単語だ。

株式市場でも使われ、「株価暴落の寸前」という意味。「on the verge」は「瀬戸際状態」のことを指す。エンゼルスは「崩壊寸前」というわけである。余談だが、離婚寸前の夫婦は「couple on the verge of divorce」という。

野球データサイト「FanGraphs」はエンゼルスのプレーオフに進出する可能性を6.9%とはじき出す一方、一部米メディアはこんなデータに注目している。21年シーズンに、オールスターゲーム時点で勝率5割を切っていたアトランタ・ブレーブスが、その年のワールドシリーズで優勝したという事実だ。

前半戦勝率5割切りでプレーオフに進出したのは11チームのみ。ワイルドカードのシステムが始まった1995年からのデータで言えば、プレーオフに進出した延べ238チームのうち、前半戦の勝率が5割を切っていたのはわずかに11チーム。エンゼルスにも望みがあるのか。

外野手のミッキー・モニアックは「Just keep going, taking it one day at a time」（とにかく前進するのみだ。1日1日を着実に進むことだ）と語る。

「take it one day at a time」は「目の前のことに着実に取り組む」という意味のイディオム（慣用句）だ。　　　　（23年7月21日）

「Take it or leave it!」
勝手にしやがれ！

ニューヨーク・ヤンキース戦で
多い本塁打

大谷翔平がMVPに輝いた2021年シーズンのこと。6月末のブロンクスでのニューヨーク・ヤンキース3連戦で圧巻の3本塁打を放った。そのとき、スポーツ賭博情報を提供する「SPORTSGRID RADIO」のケビン・ウォルシュ記者がYouTubeで叫んだのがこのフレーズだ。

「Take it or leave it!」（もう勝手にしてくれ！）

同記者はヤンキースファンなのか、大谷の活躍にサジを投げるようなニュアンスだった。

「オオタニはなぜ、ヤンキース戦では本塁打が多いのか。ヤンキー・スタジアムは他の球場と比べて狭く、風に乗って右中間に飛ばせば本塁打になる」と、諦め顔の同記者。

"take"は「取る」「つかむ」「（時間や費用が）かかる」、"leave"は「立ち去る」「残す」などの意味があり、「take it or leave it」は直訳すると、値引き交渉などで、「もう安くできない、これで決めてくれ、イヤならやめてもいい」と相手に圧力をかける時にも使われる。

カップルがケンカした際、別れ際に男（あるいは女）が相手に投げつける捨て台詞としても「take it or leave it」（勝手にしろ！）が使われる。筆者もニューヨークでの取材中に、気の荒いニューヨーカーが大声で叫んでいる場面を何度も目撃している。

大谷に話題を戻すと、ライバルからの「もういい加減にしてくれよ！」という叫びだ。米国人がよく使うフレーズに「Give me a break」がある。直訳では「休みをくれ」だが、その心は「もう、うんざりだ、勘弁してくれ」となる。

（23年7月28日）

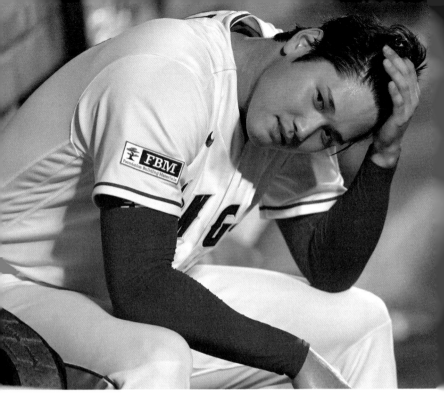

LESSON 81
「I will finish it!」
オレがこの試合を終わらせる！

大谷なりの意思表示

何気ない英語フレーズだが、大谷の口から放たれると、歴史的な名言になるから不思議だ。23年7月27日、デトロイトでのタイガース戦ダブルヘッダーの1試合目。先発登板した大谷が8回まで1安打の好投を見せた。フィル・ネビン監督が大谷に9回表をどうしたいのかを聞いた時、即座に答えたのがこのフレーズだ。I will finish it!（オレがこの試合を終わらせる）と完投（complete game）の意思を明確に示した。

米メディアの報道では「大谷はネビン監督の目を見つめながら（Shohei looked his manager in the eye）、はっきりと数語の言葉で自分の意思を示した（in just a few words, left no doubt of his intentions）」とある。

エンゼルスはこの日、「大谷をトレードに出さない」というメッセージを出しており、大谷はこれに応えて自分なりのメッセージを球団（organization）とファンに対して示したとも受け取れる。finishは終わらせる、完了する、を示す言葉だ。うるさい親が子供に対してfinish homework（宿題を早くしなさい）などと催促する時にも使われる。

80年代、マンハッタン郊外クイーンズ区のフォレストヒルズで開かれていた全米テニスオープンの会場（現在はフラッシング・メドウズ）の外で、カメラマンと2人でジョン・マッケンロー選手の姿を執拗に追いかけていた時、暴れん坊と呼ばれたマッケンローが突然、我々に近寄ってきて、「Are you finished? Get lost!」（撮影は終わったか？　そうなら、とっとと失せろ！）と低い声で言われたことを思い出した。　　　　　　　　　（23年7月30日）

「Roll the dice」

イチかバチかの勝負

眠れないGMと10時間睡眠の大谷

23年7月25日、エンゼルスのペリー・ミナシアンGMがメディアの前で「オオタニをトレードに出さない」と宣言した時に発したフレーズがこれ。「We're going to roll the dice and see what happens」（我々はサイコロを振った。何が起きるか見てみよう）。

米メディアは、「They've chosen the gamble」（エンゼルスは賭けに出た）と報じた。

"dice"は「サイコロ」で、「roll the dice」は「サイコロを振る」。転じて、「イチかバチかの勝負に出る」「運に任せる」という意味だ。エンゼルスは大谷翔平を放出しない決断をしたが、今後のFA交渉で大谷が契約延長に応じる保証はない。

エンゼルス側としても悩みは深かった。ミナシアンGMは、「I never went up to Shohei and said 'Hey, we're not trading you'」（私はショウヘイの元へ行って直接、『ヘイ！ 我々は君をトレードに出さないよ』と言ったことはない）と語っているが、アルトゥーロ・モレノオーナーの最終決断がおりて、肩の荷を下ろしているに違いない。

同GMは続けて、「I can go to bed at night and say, "You know what, we did this for the right reason"」（夜になってベッドに入り、自問した。『いいかい、わかるだろう、我々は正当な理由があるから、この決断を下したんだ』と自分に言いきかせた）と語っている。

「You know what」はよく使われるフレーズで、「あのさ」「そういえば」「わかっていると思うが」といったニュアンスで話題を切り出す時に使われる。ミナシアンGMが大谷の処遇を巡り、眠れない夜を迎えながら自問自答したという告白は面白い。1日10時間以上の睡眠をとるという大谷とは対照的だ。　　　（23年8月4日）

LESSON 83

「Here comes! Shohei Ohtani!」
大谷翔平のお出ましだ！

いまや登場時のアナウンスの定番

米メディアから「Most feared player in baseball」（野球界で最も恐れられている男）と呼ばれている大谷翔平。最近では申告敬遠（intentional walk）の乱発にウンザリした敵地ファンもブーイングの嵐を自チームに浴びせている。アナウンサーも大谷が打席やマウンドに向かう場面で、「Here comes! Shohei Ohtani!」と叫ぶシーンが増えてきた。

「オオタニ・ショウヘイのお出ましだ！」

と、声援を送っているかのようだ。

このフレーズは、直訳すると「ここが来る」とヘンテコだが、意訳すると、「○○の登場だ！」という意味で、ステージで司会者が主役を呼び込む際にも使われる。

似たようなフレーズの「Here we go!」も、何かを始める時のセリフ。「あった、見つけた、さあ行くぞ」と声をかける時に使われる。

23年8月9日のサンフランシスコ・ジャイアンツ戦で大谷が今季10勝目を挙げた際も、アナウンサーは「Here comes, Shohei!」と叫んでいた。 この試合では、6月にトレードで加入したマイク・ムスタカス三塁手が3ランを放ち、大谷の勝利に貢献。試合後のコメントにも熱がこもっていた。

「We never stopped fighting. We never gave up. We never started doubting ourselves」（我々は戦いを止めない。我々は諦めない。我々は自分たちを疑わない）と"never"を3度も使ってエンゼルスの士気の高さをアピールした。

（23年8月18日）

「**I'm back**」

戻ってきたぞ！

マイク・トラウトの力強い復帰宣言

アーノルド・シュワルツェネッガー主演の映画「ターミネーター」（84年）に出てくるフレーズだが、マイク・トラウトが8月22日、シンシナティ・レッズ戦を前に復帰宣言した時の言葉だ。

トラウトはこの日、ダグアウトで少数の記者を前に（in front of a handful of media members）即席インタビューに応じた。

映画ではI'll be back（必ず戻ってくるぞ）というセリフが有名だが、3度のMVPに輝いたトラウトが笑顔を浮かべて言うと説得力がある。

a handfulとは少数の、一握りの、を意味する。あるいは手に負えない（奴、仕事）という形容詞に使うこともある。

トラウトはさらに、「We're not out of it」（我々はまだ終わったわけではない）と続けている。out of itは退場する、出ていく、の意味で、「エンゼルスのシーズンはまだ終わったわけではない」と言っているのだ。

「You never know. I've seen some crazy staff. We've got a group of guys that won't stop fighting」（まだわからないぞ。我々にはクレージー〈熱狂的〉な人間がいるし、戦いをやめない連中がいる）と語っている。

（23年8月23日）

LESSON 85

「Arm fatigue」

腕の疲労感

疲労度を上回るだけのパワー

大谷翔平の腕の疲労（arm fatigue）がますます気になってきた。23年8月23日、対シンシナティ・レッズ戦で1回裏に44号2ラン本塁打を放った後の2回表、腕の疲労を訴えてわずか26球で途中降板したからだ。

15日に予定していた先発ローテーションを回避していたから（skip his next turn in the rotation）、日米メディアはますます大騒ぎだ。

フィル・ネビン監督は前回、「It is his arm, not an injury, just tired」（彼の腕の問題で、負傷しているわけではない、単なる疲れだ）と鎮静に努めていた。

8月13日の対ヒューストン・アストロズ戦で中堅越えの448フィートの41号特大ソロ本塁打を打った直後のAP通信はこの本塁打を「Ohtani connected off」と配信した。

一般的に本塁打をhit a home runと書くが、大谷の41号本塁打をconnect offと書いたのは大谷の疲労度を上回るだけのパワーで相手のボールをぴしゃっと打ち返したという様子を描写したかったのか。このフレーズは野球用語ではヒットを打つ（打ち返す）、バスケットボールなどでパスに成功する、といった場合に使われる。

（23年8月24日）

LESSON **86**

「Sense of obligation」

大谷翔平の義務感

「世界一」という大谷の「公約」

大谷翔平の胸の内を言い当てるフレーズではないか。これは、昨年のトレード期限直前、22年7月18日付の米紙「LAタイムズ」でコラムニストのディラン・ヘルナンデス氏が使ったものだ。彼はこう書いた。

「Their only choice is to wait and hope that his Japanese sense of obligation keeps him here」(エンゼルスにとって唯一の選択は、ただ待つのみ。大谷という日本人が持つ義務感＝義理に訴えてエンゼルスに留まらせるという希望にすがるしかない)

記事では、エンゼルスが大谷の希望通りに二刀流をサポートし、現在の活躍を導いたという背景がある、とした。「日本人は義理堅い」という通念を信じているようだ。

冒頭に出てくる"sense"は「感じ取る」という動詞と「感性」「感覚」を示す名詞。「make sense」と言えば、「意味がある」「道理にかなう」となる。逆に「It doesn't make sense」は「それでは通用しない」「意味がない」。"sense"は「sense of responsibity」(責任感) や「sense of mission」(使命感) という具合にも応用できる。大谷はMLB入りを前に「As someone aiming to be the No.1 player in the world, I think it's a place you have to pass through」(世界一の選手を目指すのであれば、世界一のチームを経験する必要があると思う) と言った。ヘルナンデス氏は、「この発言は大谷自身の公約に聞こえる」と言う。オフのFAを前に、「世界一のチームを経験する必要がある」と言った大谷の「公約」が再び注目を集めるかもしれない。

(23年8月25日)

（喜色満面のエリー・デラクルーズ選手と）

「**Are you real?**」

本物かい？

スーパースター大谷と初対面

テレビで知られている芸能人がぶらぶら歩きをする番組で、一般視聴者が目撃した時、「あっ、本物だ！」(You are real!) と言って嬉々として喜ぶ場面が流れることがある。これと全く同じことが大リーグの試合中のグラウンド（米国ではフィールドと呼ぶ）で起きた。しかも大谷が当事者として、肘靭帯損傷で今季投手として絶望的だとわかった直後のこと。

23年8月23日午後、対シンシナティ・レッズ戦ダブルヘッダー 2試合目。最初の試合では大谷の肘損傷が発覚して26球で降板したばかりだったが、続く2試合目ではDHとしてフル出場。第3打席には二塁打を放った。大谷を2塁で迎えたのはレッズのドミニカ出身の新人遊撃手エリー・デラクルーズ（21歳）だ。今年6月にメジャー初出場を果たしたばかり。

2塁ベース上で立っている笑顔の大谷をからかうように「Are you real?」（本物かい？）と嬉しそうな表情で話しかけた。彼にとっては話に聞いていたスーパースターの大谷と対面するのはこの時が初めてだったようだ。2人のやりとりはテレビでも流れたから、微笑ましく思ったファンも多かったかも。

realは本物、実在を意味する形容詞・名詞。とても、非常に、という意味の副詞としても使われる。WBC開催の時にも、オーストラリアの選手が大谷見たさで、国家代表の座を奪い合ったというエピソードを地元ABC放送が紹介していた。デラクルーズ選手もその瞬間、敵チームの選手ではなく、完全にファンの1人といった表情になっていた。

（23年8月27日）

LESSON 88

「The first legit 70-homer hitter!」
ア・リーグ初の70本塁打を打てるぞ！

もしニューヨーク・ヤンキースで
プレーしたら

大谷が23年8月23日、右肘損傷が発覚した直後、「ニューヨーク・ポスト」紙の名物記者ジョン・ヘイマン氏が大谷にあてた8月26日付の公開書簡（open letter）で書いたフレーズ。同氏は昨年（22年）のMVP争いでは一貫してジャッジを応援していたが、今季は早くも「大谷で決まり」と宣言している。同氏は「6年前、君はチーム（ヤンキース）は好きだが、ニューヨークでプレーするイメージがわかない（you loved the organization ,you could n't see your self in a big city）と言った。

しかし君を知る人々は、その後6年間全米各地を飛び回り、考えが変わった可能性があると言っている。どうか、ニューヨーク（ヤンキースかメッツ）に来ることを考えてくれ」とpleaseという言葉を使って懇願している。

さらに「ニューヨークに来れば、ヤンキー・スタジアムで大きな数字を達成することができる。君がフルスイング（you lift and pull the ball）すれば、ボールは場外へ飛んでいく（it'd be out in Yankee Stadium）。君はヤンキースのピンストライプを着て、ア・リーグ初の70号本塁打を達成する打者になれる（In Pinstripes, you might become the first legit 70-homer hitter）」とまで持ち上げている。legitとは本物の、間違いなく、を指す形容詞。

同氏は最後っ屁のように「君がロサンゼルス・ドジャースに行けば、交通渋滞で悪名高いドジャー・スタジアムまで片道2日もかかるぞ」（it may take you two days to drive up to LA every day）とオチョクっている。ニューヨークではどちらの球場も地下鉄で通うことができる。 （23年8月28日）

「How bad he wants to play!」

彼はプレーしたくてしようがない！

メディアやファンが待ち望んだ復活

23年8月23日、全米の野球界が凍りついた（baseball world was rocked）。大谷翔平の右肘靱帯損傷が発覚、今季投手登板が絶望的となった。ペリー・ミネシアンGMが対シンシナティ・レッズ戦ダブルヘッダー 1試合目後、メディアに語ったのがこのフレーズだ。

I know how bad he wants to play（私はオオタニが本当にプレーしたくてしようがないことを知っている）。how badは「とても悪い」ではなく、「熱心に～する」（渇望する）を示すスラング。例えばI love her so badly は俺は彼女を我慢できないほど愛している、となる。

大谷のプレーを見たいのはメディアやファンも同じだ。

ダブルヘッダー 2試合目、大谷がDHとして打席に向かう時、実況アナウンサーが思わず感動的に口にしたフレーズも面白い。わずか2つの単語だが、大谷を表現するのにピッタリだ。Absolutely amazing!（完璧なほど、素晴らしい！）。

DH起用も危ういかと囁かれていた状況で打席に現れた大谷に対する畏敬の念とプレーに対する愛着への最大限の賛辞だったのではないか。absolutelyは絶対に、無条件で、を意味する。

例えば相手との会話で「奴はすごい人間だ」と言われて相槌を打つ時もabsolutely（そうだとも、本当にそうだ、勿論だ）が使われる。amazingも同じように、驚くほど素晴らしい、最上級の賛辞を送る時に使われる言葉だ。同義語にはawesomeもある。

（23年9月1日）

「Tingling September」

ヒリヒリする9月

日本の夏を表す表現

大谷はMVPに輝いた2021年シーズン終了間際の9月末、アナハイムでの最終戦のあと、記者団にむかって、「来年はヒリヒリする9月（tingling September）を過ごしたい」とコメントした。大谷は本塁打46本、投げても9勝、防御率3.18、156奪三振。圧倒的な成績で満場一致でMVPに選ばれた。しかし、エンゼルスはワイルドカードを手に入れることもなく、大谷はポストシーズンの陶酔感（euphoria）を味わうことができなかった。

メディアの英文記事を見ると、大谷が通訳（水原一平氏）を通じて（through the interpreter）、次のように言ったとある。「September should be a month when I'm tingling with excitement」（9月は興奮でヒリヒリする1カ月にしたい）。

tinglingはチクチク、ヒリヒリ、ピリッとするという意味。tingling hotは（肌が）ヒリヒリと熱い。日本の7月、8月はこの状態だ。I got a tingleは胸キュン、を意味する。「蒸し暑くて、ベトベトする」時にはstickyという単語がある。会話ではit is a sticky day。

摂氏46℃を超えた米国でもバイデン大統領はこの熱波をkiller heat（殺人熱波）と表現した。MLBのポストシーズンに向けての争いもheat up（過熱）してきた。「過熱する9月」はheat up in Septemberと表現することもできる。high heatは高熱を意味するほか、野球用語では高めの直球のことを指す。MLB関連メディアにHigh Heatと呼ばれるトーク番組がある。日本風に言えば「言いたい放題」「直球勝負」といったところか。

（23年9月1日）

「The boys are fired up」
選手は気合が入っているよ！

大谷とプレーできる幸せ

エンゼルス解体作業（Angels dismantling）中の大谷の放ったコメントではない。

約3カ月前の23年6月15日、対テキサス・レンジャーズ戦で22号2ラン本塁打を放ち、勝利投手（6勝2敗）となった大谷はthe boys are fired up（選手たちは気合が入っているよ）と意気揚々とコメントした。

boysは選手、同僚のこと。fired upは燃えている、興奮する、の意味。当時、勝率も5割を超えていた時期で、プレーオフを目指すチームの一体感が感じられた。

ところが8月16日、対レンジャーズ戦でヘルメットを飛ばしながら打った42号本塁打翌日のファンのブログにはこうある。

「素晴らしいホームランだった。しかし大谷がベースを一周してダグアウトに戻ってきても、笑顔で迎えるチームメイトの姿が数人しかいない。42号目のホームランだぜ、まだ打ち続けるはずだ。チームメイトはもっと誇りに思うべきだし、大谷と一緒にプレーしていることをハッピーに思うべきだろう。彼がチームを去ってからでは遅いぞ」（What a home run.. But why teammates react just a few who smile... It's 42 and still counting... You guys should be proud and happy play with him... Before he left）

（23年9月5日）

LESSON **92**

「Walk! don't run!」
急がば回れ！

二刀流復活の近道

FAが迫る大谷翔平を巡って米メディアでも様々な見解が飛び交っているが、大谷の胸中には「walk! don't run!」というフレーズが刻まれているのではないか。

このフレーズは花巻東高校を卒業後にすぐ、太平洋を渡って米大リーグに挑戦する希望を持っていた大谷に対し、ドラフト1位指名した日本ハムが作成したプレゼン資料の核心部分でもある。

「大谷翔平君 夢への道しるべ」と題したその資料で、野茂英雄やイチロー、ダルビッシュ有などの日本人メジャーリーガーの成功例を挙げ、若いうち（高卒後）に米球界に挑戦するより、年齢を重ねて自己が確立してからメジャー入りした方が選手寿命が長い、と説得した。大谷の目標は「メジャーに挑戦すること」ではなく、「メジャーで成功する」こと。その目標を達成するには、「急がば回れ」で日本プロ野球を経験してからでも遅くない、と口説いたのだ。

「walk, don't run」は直訳すれば、「歩け、走るな！」だが、日本のことわざの「急がば回れ」という意味。目標を達成するには、粘り強く我慢すること。遠回りは成功への近道、と言うときに使われるのが「walk! don't run!」である。

SNSでは右肘靱帯損傷、さらに脇腹の故障で欠場が続いた大谷に対して、「無理しないで下さい」「来年、再来年、頑張れば大丈夫」とのファンの声が多くある。代理人ネズ・バレロ氏も「大谷は二刀流を諦めていない（he never gives up）と語っている。二刀流復活には「急がば回れ」が一番の近道（short cut）ということか。

（23年9月15日）

「**Media's sigh**」
日本人メディアのため息

大谷がいる限りネタには困らない？

大谷翔平は23年9月16日、エンゼルスのロッカールームから全ての荷物を持ち出した。

ペリー・ミネシアンGMも大谷が右肘損傷の手術を行うと説明。その翌日には大谷自身がダグアウトでチームメイトと談笑する姿をスタンドのファンに見せ喜ばせた。大谷はエンゼルスにまだ未練があるというのだ。

地元紙は「大谷1人を取材するために常に平均20名以上の日本人記者とカメラマンが常駐している。大谷が18年に投手として初先発した時には最大で約120人の日本人記者が押し掛けた。遠征試合でも50人が同行した」と書いた。大谷が他チームに移籍した場合には日本人メディアはどう動くのか。

ミナシアンGMが朝起きて、大谷を例えばミネソタ・ツインズに行くと発表したとしよう。その瞬間、20名以上の日本人記者たちはため息(sigh)を吐きながら、荷物をまとめて、セントポールに向かい、新しいアパートを探すことになる。アナハイムの記者席には日本人が誰一人もいなくなる。

同紙は日本人記者のコメントも紹介している。

「there is no such thing as too much Ohtani」(大谷ほどの選手は他にいない)。大谷がいる限り、ネタには困らないというわけだ。大谷抜きのアナハイムには日本人記者は消えてしまうのか。

(23年9月18日)

「**Rooting on the boys**」
選手たちを最後まで応援する

手術後に送ったエ軍へのエール

大谷翔平が23年9月19日、右肘損傷手術を終えた直後、インスタグラムでファンあてに書いた英文メッセージの一部だ。メッセージには、I had a procedure done on my elbow earlier this morning and everything went very well. (私は今朝、右肘の治療を終えました。全てうまく行きました)。手術 (surgery) という用語は使わずに、procedure (治療、処置) という英語を使っている。英文メッセージのほうではIt was very unfortunate that I couldn't finish out the year on the field, but I will be rooting on the boys until the end. 「不本意ながらシーズン途中でチームを離れることになりましたが、最後までチームを応援いたします」と書いている。

rooting on the boysとは直訳すると、少年たちを応援する、という意味だが、boysとは選手が男性ということから同僚、チームメイトを意味している。root on には地元に根をはって応援するというニュアンスもある。

英文では最後にI will work as hard as I can and do my best to come back on the diamond stronger than ever. 「今まで以上に強くなって球場に戻れるように全力を尽くします。Go Halos!! (頑張れ、ヘイロウズ)」と、エンゼルスの愛称でエールを送った。

(23年9月21日)

「**Window dressing**」

大谷の粉飾決算？

メジャー挑戦は
ｴ軍で決まっていた？

エンゼルスの大谷翔平が23年9月19日、靱帯を損傷した右肘（burn elbow）の手術を受けて、成功した。執刀医によれば、来季開幕から打者として復帰、2025年シーズンから二刀流復活が可能だという。

今後のリハビリの推移が気になるところだが、米メディアの関心は相変わらず今オフのFAの去就。

「ニューヨーク・ポスト」紙（8月26日付）は、大谷のメジャー挑戦が決まった2017年のオフを振り返り、以下のようなことを書いていた。当時、大谷がDH制度のなかったナ・リーグの4球団を含め、計7球団を移籍先の最終候補（final list）としたことに関し、「この行為は大谷のwindow dressingだった」。つまり、二刀流を目指していた大谷にとって、DH制度があったア・リーグ、しかも、温暖な西海岸の球団しか選択の余地がなかったはずだ、と主張しているのだ。

「window dressing」は直訳すると、「ショー・ウインドウのお飾り」。"dressing"は「化粧の仕上げ」「着付け」のこと。「window dressing」は、ビジネス用語で「決算対策用にお化粧する」、つまり、「粉飾決算」「見せかけの行為」ということだ。

同紙は大谷が6年前、最初からエンゼルスで決定していたにもかかわらず、単なる見せかけ（window dressing）で7球団を候補にあげた形をとったというのだ。同紙は、今オフのFAでも、大谷は実はすでに移籍球団を決断しているが、右肘手術などもあり、見せかけ（window dressing）で口を閉ざしている、とでも言いたいのかも。　　　　　　　　　　　　　　　　　　（23年9月22日）

「Ohtani was done for 2023」
大谷の2023年は終わった

そしてまた始まる快進撃

米メディアは大谷の今シーズンの終わりをこのようなフレーズで表現している。何も悲しむことではない。doneとは終わった、完了した、取引終了、任務が終わったことを示す動詞、過去分詞でもあり、形容詞。同じような「終わり」を意味する英語にはfinish, over, through, endなどがあるが、やはり状況によって使い方が変わる。職場の会話でyou have done good job! とは良い仕事をしたね！（お疲れ様の意味もある）。ゴルフの世界のことだが、22年秋、米ツアーで活躍していた韓国の美人ゴルファー、チェ・ナヨンが引退記念大会の最終ホールでティーショットを打った時、同組で回っていた後輩エミー・ヤンからyou have done good job! と声をかけられ、涙を流した。

Have you done? は仕事が終わった？ の意味。80年代半ば、ニューヨークの図書館で作家立花隆さんと資料のコピーを取っている時に、背後に並んでいた中年男性からAre you through?（コピー取りが終わりましたか？）と丁寧な感じで言われたこともあった。レストランの厨房ではdoneは料理が出される直前の状態で、ステーキでwell done（ウェルダン）もよく聞く言葉だ。We are done とは男女の仲で使うこともある。大谷の件では同紙はhe's (he has) done as a pitcher for 2023,though he's expected to be able to hit next seasonと記事を続けている。

2023年の投手としての役割は終わったが、打者としては来シーズン（2024年）開幕戦から、何の制限もなく（without any restrictions）打席に立つことができると執刀医がコメント。

（23年9月25日）

「Here's the skinny」
極秘情報

ケガでも変わらない大谷の価値

米メディアは、特にシーズン終盤に入ると「極秘情報」と呼ばれるスクープ合戦を繰り広げる。

「極秘」と言えば"secret""confidential""classified"といったフレーズが浮かぶが、米スポーツサイト「Bleacher Nation」のマイケル・セラミ記者は23年9月18日に配信した記事で、「here's the skinny」というフレーズを使った。

"skinny"は普通、「痩せこけている」「骨と皮だけの細身」と解釈されるが、もう1つ、「極秘情報」「内部情報」「真相」を指すスラングだ。

同記者はこのフレーズの前に、「読者もご存じかもしれないが、念のために（just in case）、ここに極秘情報を提供しよう」と前置きして、もったいぶった調子で書き始めている。

肝心の"skinny"の中身だが、「今季終了後にFAとなる大谷は、MLBの歴史でも群を抜く金額を予想されている（by far the highest paid and most anticipated FA）が、そのウワサの金額も4億ドルから始まって、たちまち5億ドルになり、6億ドル台にまで届いた。誰もこの数字が払いすぎだと思っていない」と書いている。大谷の右肘靭帯損傷、手術でFAの価値が下がったとの報道もあるが、高い評価は変わらないということだろう。

記事中の「by far」は「断然」「群を抜いて」「圧倒的」など、何かを強調する際に使う副詞。ついでだが、「so far」は「これまでのところ」「従来」という意味で、「so far, so good」と言えば、「今のところ、大変良い」となる。

（23年9月29日）

「**Move heaven and earth**」

全力を尽くす

大谷のための居場所づくり

直訳すると、「天と地を動かせ」となるが、ここでの意味は「目的を達成するためにあらゆることをする」というイディオム（慣用句）。辞書には「you should move heaven and earth to see aurora」（オーロラを見るために全力を尽くすべきだ）という英文例があった。

このフレーズは、米スポーツサイト「bleacher nation」の記事に登場したもので、FAとなる大谷翔平を巡り、ある球団が「彼のための居場所を作るのに全力を尽くそうとしている」(move heaven and earth to make room for him) と書いている。ボストン・レッドソックスのことだ。大谷の獲得に興味を示すレッドソックスは9月に、編成本部長のハイエム・ブルーム氏を解任。大谷獲得のための人事だと推測されている。

記事にある「make room for him」は「彼のために居場所を空けておく」。

米メディアは大谷が日本に近い西海岸でのプレーを望んでいると見るが、ボストンは東海岸の中でも最も遠い場所だ。これを、「大谷の変心」(thinking change) と解説するメディアもある。拡大解釈すると、天 (heaven) にいる神様・仏様だけでなく、地上・地下 (earth) にいる閻魔様や悪魔を総動員してでも、「大谷を獲得せよ」と必死になっているのかも。

（23年10月6日）

「Be there!」

現場に行け！

水原通訳が回答した
大谷のコンディション

21年9月3日、対テキサス・レンジャーズ戦で大谷はメジャー自己最多117球を投げた。最後の3球も時速99マイル（約159キロ）。試合は3対2でエンゼルスが勝利（大谷は9勝目）。米メディア（AP通信）は「マドン監督は試合後、体中がヒリヒリ痛む（sore）大谷の疲労状態と心理的消耗状態を知るために、水原通訳を通じ、『明日は打つことができるか？』と聞いた。マドンは『大谷の両足も過労（tiredness）のためにジェロー（jell-o）のようにフニャフニャ状態ではないか』（his legs are going to feel like jell-o）と危惧した」と報じた（jell-oは米国で人気のゼリー食品で、日本風に言うとコンニャクのように芯のない状態のこと）。

間髪を容れず返ってきた水原氏の回答は「he wants to be in there!」。直訳すると、「彼はそこ（there）にいたい」「その中（in there）にいたい」。つまり大谷は試合に出たいと答えた。大谷はthere,つまり、球場にいること（試合出場）にこだわった。

there に関してはbe thereという重要なフレーズもある。直訳すると、現場に行け、という意味。このフレーズを有名にしたのは1970年－80年代に活躍した伝説的スポーツライター、レッド・スミス氏（1905年－1982年）。

同氏は「ベーブ・ルースが死んだ日（1948年8月16日）」を描くなど数多くの作品を残し、1976年にピューリッツァー賞を受賞。若手記者が「どのようにしたら、良い記事を書くことができるのですか？」と聞いた時、スミス記者は一言、「be there」と答えたという。直訳すると、「そこにいろ」だが、核心は「現場にとどまれ」ということではないか。　　　　　　　　（23年10月13日）

「**catch 17**」
大谷獲得のジレンマ

元ネタは戦争映画のタイトル

難解な数字の謎解きに見えるがタネ明かしすると、背番号17の大谷獲得を巡る各球団のどうにもならない状況、ジレンマ、板挟み状態を表現するスラング。

このフレーズの由来は米作家ジョセフ・ヘラーの戦争文学で、70年に映画化された「catch 22」(監督マイク・ニコルズ)。第二次大戦中の空軍部隊規則(22項)に由来し、「兵士は精神異常なら戦闘を免除されるが、精神異常であると自分から申し出ると正気と見なされ、続けて戦うことを命令される」というジレンマに直面したことから、このフレーズが生まれた。

大谷翔平の去就をめぐり、「catch 22」をもじって「catch 17」というフレーズを最初に書いたのが米メディア「FanNation」のジェフ・スナイダー記者。22年末、同記者は早くも「1人の選手獲得のために、しかも1年以内にチームを去ったり、最悪の場合、ケガをしたりすれば(that guy leaves after one year,or even worse,get hurt)、そのチームとファーム育成の努力はマヒ状態(cripple)に陥る。大谷の場合もしかり。まさにcatch 17というジレンマに陥る」と書いていた。つまり大谷獲得のためのメリットとデメリットを考えると、悩みは深いというわけだ。

この「ジレンマ」「板挟み」「落とし穴」(catch)を指すスラングとしてcatch 22という言葉が米社会で定着したのが70年代から80年代のニューヨークなどの大都市だ。職場やバーカウンターでインテリや若い男女が「I am in a catch 22 situation」(私は板挟みになっている。八方塞がりの状態だ)と囁きあった。日本でも親しいライン仲間の間で使えるかも。　　　　　　(23年10月20日)

【著者略歴】
太刀川正樹（たちかわ・まさき）

1946年、東京生まれ。早稲田大学教育学部英語英文科（五十嵐新次郎ゼミ）で「百万人の英語」ブームを楽しむ。在籍中に国立ソウル大学語学研究所で韓国語を学ぶ。講談社日本語版「ペントハウス（PENTHOUSE）」ニューヨーク支局長、日刊ゲンダイ外信担当など歴任。ニューヨークを拠点に米大統領選挙、米大リーグ、イラク戦争、朝鮮半島情勢を取材。著書・訳書に『獄中三〇〇日』（講談社）、『平壌「十五号官邸」の抜け穴』（ザマサダ）、『自伝 大木金太郎 伝説のパッチギ王』（講談社＋α文庫）、『新証言・拉致』（廣済堂出版）、『韓国全羅南道パスポート』（ほっとこうち）など。

英語とMLBに100倍強くなる
大谷英語

2023年12月25日　第1刷発行
2024年3月20日　第3刷発行

著　者　太刀川正樹

発行者　花田紀凱

発行所　株式会社　飛鳥新社
　　　　〒101-0003　東京都千代田区一ツ橋2-4-3　光文恒産ビル
　　　　電話　03-3263-7770（営業）　03-3263-5726（編集）
　　　　https://www.asukashinsha.co.jp

装　幀　DOT・STUDIO

写　真　Getty Images

印刷・製本　中央精版印刷株式会社

© 2023 Masaki Tachikawa, Printed in Japan
ISBN 978-4-86410-994-9

編集担当　佐藤佑樹